Back To the Basic

B2B21 – 지성의 근본주의

B2B21 ❸

지성의 근본주의

비투비21 —— 혁명

지은이   피터 칼버트
옮긴이   김동택
펴낸이   이일규
펴낸곳   도서출판 이후
편집   정철수 김정한 이재원
디자인   홍수진
마케팅   김현종

제1판 제1쇄 2002년 3월 8일

등록   1998. 2. 18(제13-828호)
주소   121-818 서울시 마포구 동교동 176-1(2층)
         http://www.e-who.co.kr
         e-mail: ewho@e-who.co.kr
전화 02-3143-0915(편집) 02-3143-0905(영업) 팩스 02-3143-0906

ISBN 89-88105-47-8 / 89-88105-44-3(세트)
값 7,500원 / 잘못된 책은 바꿔 드립니다.

지성의 근본주의

B2B21 · ❸

혁명

피터 칼버트 지음
김동택 옮김

E
2002

꾸르노 신부의 『사적 소유, 또는 빈곤의 원인에 대하여:이성, 정의, 진리의 법정에서의 탄원』(Paris, Rue Jacob, vis-a-vis celle S. Benoit, Faubourg Saint-Germain, No. 29, 1791) 표지

실뱅 마르샬, 『국민의회 방청석에 자리한 진리』(Paris, Chez les Marchands de Nouveauts, 1791) 표지

M. 뒤푸르니 드 빌리에(M. Dufourny de Villiers),『빈민, 불구자, 식민지인이라는 제4계층에 관한 보고서』(Paris, 25 avril, 1789) 표지

들라크루아의 1831년 작품 〈민중을 이끄는 자유의 여신, 1830년 7월 28일의 혁명〉

〈노동자계급 해방투쟁 동맹〉 회원들과 함께 한 레닌(맨 뒤 왼쪽부터 A.L. Malchenko, P. K. Zaporozhets, A. A. Vaneyev, 아래 왼쪽부터 V. V. Starkov, G. M. Krzhizhanovsky, V. I. Ulyanov, Y. O. Martov), 1896년 12월 20일

페트로그라드 네프스키 대로의 일제사격,
1917년 볼셰비키혁명

1차대전 당시 전방에 있는 적군

모스크바 혁명광장에서 열린 맑스, 엥겔스 기
념 동상 건립식에서 연설하는 레닌, 1918년 11
월 7일

크레믈린에서 열린 제3차 코민테른 대회에서
연설하는 레닌, 1921년 6월 28일

폴란드 전선으로 떠나는
적군 앞에서 연설하는 레닌,
1920년 5월 5일

산티아고 데 쿠바에 입성하는 피델 카스트로, 1959년 1월 1일

산타클라라에서 연설하는 카스트로,
1959년 1월 5일

중국인민공화국
창설을 선포하는 마오쩌둥

기자회견을 하는 다니엘 콩-방디,
프랑스 1968년 5월

생 제르망 대로의 시위, 프랑스 1968년 5월

삼색 공화국은 이제 하나의 색깔,
패배자들의 색깔, 피의 색깔만을 띨 뿐이다.
삼색 공화국은 붉은 공화국으로 되었다.
── 칼 맑스, 「6월혁명」 중에서

차례

지은이 서문 __*13*

옮긴이 글 __*14*

Ⅰ. 관찰

무엇을 관찰할 것인가? *18*

용어의 기원 *20*

혁명의 모델 *26*

어디서, 그리고 왜 다른 개념이 더 선호되는가? *41*

혁명 연구의 문제들 *46*

Ⅱ. 해 석

혁명을 해석하기 *54*

혁명의 분석 *69*

혁명의 사회적 전제 조건 *75*

1) 사회적 조건들 *76*

2) 제도적 요인들 *83*

3) 인적인 요인들 *91*

사건을 해석하기 *92*

III. 이론화

혁명에 대해 생각하기 98

사회과학 이론들 117

1) 심리학적 설명 118

2) 사회학적 설명 124

3) 정치학적 설명 130

4) 철학적 설명 135

이념이 하는 구실 141

더 읽어 볼 책__148

참고문헌__150

찾아보기__157

※일러두기

1. 한국어 전용을 원칙으로 하고 이해를 돕기 위해 한글 다음에 한자나 외국어를 병기했다.

2. 단행본, 전집, 간행물에는 겹낫쇠(『 』)를, 논문, 기고문, 문서 등에는 홑낫쇠(「 」)를, 단체 이름에는 단꺽쇠(< >)를 사용했다.

3. 원서에서 강조한 부분은 고딕체로 표기했다.

4. 본문 중 '[ ]' 안에 들어 있는 내용은 옮긴이가 이해를 돕기 위해 덧붙인 것이다.

지은이 서문

이 책의 주요한 목적은 현대의 사회이론에서 혁명이 차지하는 위상을 재검토하고, 체계적인 사회과학적 연구가 필요함을 거듭 주장하는 데 있다. 지적·정치적 지형에 중요한 변화가 발생하고 있는 오늘날, 21세기의 세계는 우리 가운데 일부가 20년 전에 희망했던 것만큼 좋은 방향으로 나아가고 있지 않다는 점은 분명하다. 그러나 행운이 따르고 우리가 가진 지식이 제대로 쓰이기만 한다면, 적어도 현재 우리 가운데 일부가 두려워하는 것만큼 상황이 나빠지지는 않을 것이다.

옮긴이 글

이 책은 영국 사우샘프턴 대학의 비교정치학과 국제정치학 교수로 재직 중인 피터 칼버트의 *Revolution and Counter-Revolution*(Open University Press 1990)을 옮긴 것이다. 본래 이 책은 영국 개방대학에서 '사회과학의 개념들'이라는 제목으로 기획한 시리즈 가운데 하나다. 사회과학의 주요 개념들을 소개한다는 교과서의 기본적인 기획 의도를 충분히 살리고 있지만, 이 책은 교과서가 다룰 수 있는 것 이상의 내용을 갖고 있다. 혁명이라는 개념을 '관찰,' '해석,' '이론화'란 소제목을 통해 개괄하는 지은이는 기존의 연구 성과들을 충실히 소개하면서도, 자신의 독자적인 견해를 빠트리지 않고 있기 때문이다. 책의 내용을 여기서 일일이 설명할 필요는 없겠지만, 옮긴이로서 독자들이 염두에 두고 읽었으면 하는 몇 가지 바람을 간략히 정리하고자 한다.

먼저, 지은이는 혁명이라는 주제를 사회과학 일반에서 제기되는 다양한 문제들과 연관지음으로써 독자들의 관심을 확대시키고 있다. 예를 들어, 혁명의 문제를 인식론상의 문제와 연결짓고 있는데, 이것을 통해 객관적 사실과 그것의 인식, 그리고 그 과정에서 개입될 수밖에 없는 가치의 문제를 둘러싼 여러 견해들을 검토하고 자신의 견해도 충분히 제기하고 있는 것이다. 이 과정에서 지은이는 혁명에 대한 연구자의 주관이 연구 과정에서 배제될 수 없다고 지적하면서도, 연구자의 주관이 연구 과정을 전적으로 지배하게 되는 경우 사태의 실제 과정을 완전히 왜곡하는 사태가 초래될 수도 있다고 경고한다. 일종의 인식론적 절

충주의라고 할 수 있는 이런 태도는, 이 책 전체를 통해 지은이가 혁명 연구에 대해 갖고자 하는 객관성과 가치지향 사이의 중립성을 유지할 수 있는 바탕인 동시에 자신의 입장을 모호하게 만드는 요인이기도 하다. 지은이 피터 칼버트는 지향이나 가치에 지배된 나머지 사태를 제대로 설명해야 한다는 학문의 본래 목적을 상실하게 만들지도 모르는 연구 자세를 경고하지만, 과연 사회 현상에 대한 제대로 된 설명이 연구자들이 추구해야 할 궁극적인 목표인지는 여전히 논쟁거리일 수밖에 없다. 또한, 사회 현상을 제대로 설명한다고 해서 그것이 제대로 된 사회를 만드는 데 기여한다는 정치학의 또 다른 목적을 달성하는 데 도움을 줄 수 있는지도 분명하지 않다.

어떻든 지은이의 이런 태도는 혁명은 과정상 반혁명과 동일한 것이며, 다만 지향과 결과의 측면에서 서로 다를 뿐이라고 강조하는 데에서 잘 드러나고 있다. 여기서도 문제는 그 결과를 더 중시할 것인지 과정을 더 중시할 것인지에 따라 혁명에 대한 강조점이 아주 달라질 수도 있다는 점이다. 뿐만 아니라 결과만을 놓고 보았을 경우, 지은이가 지적하듯이 쿠데타와 혁명은 동일한 결과, 즉 사회의 급격한 변화를 초래할 수 있다. 그러나 그렇다고 해서 지은이가 주장하는 것처럼 양자를 같은 범주에 놓기도 모호한 부분이 분명 존재한다.

물론, 혁명 연구의 지배적인 경향들을 염두에 둘 때, 그것들과 일정한 거리를 두면서 역사적으로 중요한 사태를 좀더 냉철하게 볼 필요가 있다는 지은이의 지적은 충분히 받아들일 만하다. 그러나 혁명에 대해서 좀더 깊게 이해하기를 바라는 독자들이라면, 지은이의 해석과 다른 해석을 담고 있는 기타 저작들을 반드시 참조해야 할 필요가 있을 것이다. 그런 저작의 목록은 이 책 뒷부분에 실린 '더 읽어 볼 책'을 참조할 수 있을 것이다.

　모쪼록 독자들이 혁명이라는 인간 사회의 독특한 현상을 개괄적으로 이해하는 데 이 책이 도움이 되고, 무엇보다도 혁명에 대한 좀더 깊은 이해를 위한 출발점이 될 수 있기를 바란다.

2002년 2월
김동택

관찰 *I*

무엇을 관찰할 것인가?

중요한 단어일수록 부정확하게 사용될 가능성이 그만큼 높아진다. 예를 들어, 물리학자들은 우리가 흔히 사용하는 '무게weight'라는 단어를 '질량mass'을 뜻하는 말로 받아들일 것이다(내과의사들이라면 '비만obesity'이라고 부를 것이다). 사회과학에서이런 단어 문제는 특히 심각하다. 우리가 일상생활에서 사용하는 단어들은 자체만의 강력하고도 잘 축조된 의미를 갖고 있는까닭에, 그런 단어들에 고도로 제한된 의미를 부여하려는 사회과학자들의 시도는 그다지 성공적이지 못하다. '혁명'이란 단어야말로 바로 그런 경우에 해당한다.

1940년대에는 아무런 문제가 없었다. 당시에는 혁명들이 존재하지 않았다. 아니, 좀더 정확하게는 오로지 하나의 혁명만이존재했을 뿐이다. 논란거리가 있었다면 전쟁 이후에 얼마나 빠르게 혁명이 발생할 것인가 뿐이었다. 이 주제를 다룬 캐서린코레이의 탁월한 저작, 『군대와 혁명의 기술Armies and the Art of Revolution』(1943)에 주목한 사람은 거의 없었던 듯싶다. 그 까닭은 아마도 그 책이 발간된 시점이 부적절했고, 사람들은 자신들의 목적을 달성하고자 군대를 어떻게 사용하는지, 그리고 그런목적들이 대중이 원하는 바와 얼마나 거리가 멀었는지에 관련된불편한 진실이 그 저작에 담겨 있었기 때문일 것이다.

1950년대에는 냉전이 모든 사상을 지배했고, 그것에 따라 전선이 그어졌다. 혁명은 한편으로 변화의 희망이었으며, 다른 한편으로는 자유 세계의 가치를 근본적으로 위협하는 것이었다.

제3세계가 출현하는 가운데 냉전의 갈등이 첨예해지자, 이미 퇴조하고 있던 식민 지배에서 해방되기 위해 투쟁했던 봉기들은 특정한 이데올로기의 틀에 사로잡혔으며, 서로 경쟁하던 동맹들은 이런 투쟁을 독점하기 위해 다투었다.

1960년대에 혁명은 아주 매력적이었다. 모든 사람들은 혁명을 하고 있었다. 아니, 차라리 무엇을 하고 있던 간에 그 일을 혁명으로 정의하려고 했다는 게 더욱 정확할 것이다. 혁명은 분별력을 강조했던 사회과학자들조차 자기도 모르게 휩쓸리게 만들었던 도발적이고도 떠들썩한 자극제였으며, 그 사람들 가운데 일부를 정신적으로 반항적인 정치 활동가가 되도록 만들었다. 이러쿵저러쿵 혁명을 정의하는 것은 반혁명적이었지만, 혁명에 관해 글을 쓰는 일이 유행이 됐으며, 그 결과 쓸 만한 저작들이 꽤 많이 나왔다(Davies 1971, Kumar 1971, Mazlish, Kaledin and Ralston 1971).

1990년대에 사회공학적인 은유로 자주 쓰이긴 했지만, 혁명은 이제 더는 정치적 의제가 아니었다. 좌파들은 국가가 상대적 자율성을 가지고 있으며, 군대 내에서도 계급이 분리되어 있다는 점을 발견했다. 미국은 대對공산주의 전선에 복귀하면서 거드름을 피웠고, 그레나다에서 드러난 것처럼 대공산주의 전선은 미국의 명령에 고분고분 따랐다. 그러나 이란과 마찬가지로, 아프가니스탄의 수혜자들은 서구 문명은 물론 합리적인 계몽의 전통마저도 지향하지 않는 것처럼 보였다(화려한 몽매주의처럼, '계몽'이란 단어조차 불편해 보이는 그 무엇을 묘사하는 것으로 뜻이 바뀌었다). 대신, 우리는 이슬람 원리주의자들 중 어떤 특정 분파가 정권을 잡게 될지 확인하기 위해 기다리고 있다. 비록 그리 내키는 일은 아니지만, 확실히 우리는 그 다음에 발생할 일을 알려주는 명확한 개념을 필요로 하게 될 것이다. 1990년대의 관점에서 볼 때, 이란과 아프가니스탄에서 일어난 사건들이 혁명을 가져올지 반혁명을 가져올지 우리는 확신할 수 없다. 다만 우리는 이 용어들이 각각 무엇을 의미하는지 분명히 밝히고자 한다.

용어의 기원

공학에서 '혁명'은 순환운동의 단위이며, 정치학에서는 갑작스런 방향으로 변화하는 것을 지칭하는 말이다. 이 단어는 15세기 후반 이탈리아에서 처음 정치적 용도로 쓰였다. '리볼루치오니 *revoluzioni*'는 정치적 상황이 갑작스럽게 변화한다는 뜻으로, 순환운동을 하는 행성이 주요한 국면에 도달했을 때 발생한다고 생각되어 왔다 — 당시는 점성학이 유행하던 시대였으며, 행운 *fortuna*은 정치 지도자가 될 사람이라면 반드시 가져야만 하는 그 무엇으로 여겨지고 있었다. 1662년 무렵까지도 클라렌던 경[1]은 찰스 2세의 왕정 복고와 공화정의 붕괴를 언급하면서, 앞의 의미를 가리키기 위해 이 용어를 영어로 사용했다. 심지어 클라렌던 경은 왕의 지배를 '불길한 별의 사악한 영향' 탓으로 돌리기까지 했다. 첫 번째 사태의 결과가 동시대인과 지지자들에 의

---

1. [옮긴이] Edward Hyde Clarendon(1606~1674). 영국의 정치가이자 역사가. 왕당파로서 1660년 왕정복고 뒤 백작 작위를 받았다. 저서로『영국의 반란과 내전의 역사*History of the Rebellion and Civil Wars in England*』(1704) 등이 있다.

해 혁명으로 불리게 되었던 이른바 1688년의 명예혁명 당시까지, 혁명은 매우 넓은 의미를 지닌 용어였다(Calvert 1970a). 오늘날까지도 『옥스퍼드 영어소사전Oxford English Dictionary』에 등장하는 혁명의 첫째 번 정의는 "새로운 지배자나 정치체의 주체들이 낡은 것을 강제로 교체하는 것"이다.

그러나 18세기를 지나면서, 1688년이 하나의 사건이 아니라 영국 시민전쟁 시기에 시작된 정치변동 과정의 종착점이자 누적적인 결과로 간주되자, '혁명'이란 용어의 의미가 바뀌기 시작했다. 물론 그것은 좀더 일반적인 의미에서 이전 시대에 규정된 의미를 여전히 갖고 있었다. 18세기 초반의 지식인들은 포르투갈, 스페인 그리고 고대 로마 시대의 혁명을 주제로 한 아베 베르토2의 여러 저작들을 즐겨 읽었으며, 버지니아의 토머스 제퍼슨 같은 이는 개인 서고에 이런 책들을 몇 권씩이나 갖고 있었다. 그러나 혁명의 의미는 서서히 바뀌기 시작했다. 혁명은 정치적 격동 이후에 나타난 정부의 재정비, 근본적인 사회 변동, 정치 참여의 확대, 좀더 인간적인 사회로 진행되는 과정에 적용될 수 있는 단어가 되어 갔다. 그리하여 1750년대부터 프랑스에서 혁명의 필요성을 논의하기 시작했을 때, 프랑스인들은 이 용어를 좀더 특정한 방식으로, 더욱 긍정적인 의미로 사용했다. 따라서 전통적인 관점과는 반대로, 이런 변화를 가져온 것은 프랑스혁명도 (거리상의 격차를 고려할 때) 미국혁명도 아니었던 것이다. 1789년 바스티유가 붕괴된 뒤에야 비로소 관찰자들은 자신들이 목격하고 있는 게 무엇인지 명백히 인식하게 되었다. 드디어 혁

---

2. [옮긴이] Abbé Vertot(1655~1735). 프랑스의 역사가. 주요 저서로 『혁명의 역사 Histoire des Révolutions』(1719) 등이 있다.

명이 일어난 것이다. 현재 우리가 프랑스혁명이라 명명한 사건이 발생하기 전에, 해협 건너에 살던 에드먼드 버크는 보수주의자의 본능으로 이미 그것을 고발한 바 있었다.

　프랑스혁명은 혁명이란 용어를 영구적인 것으로 봉인했고, 이전의 용법에 오늘날 사용하는 의미를 덧붙여 사회과학에서 쓰이는 다른 용어들을 대체했던 것이다. 예를 들어, 『펭귄판 정치학사전*Penguin Dictionary of Politics*』의 저자인 데이비드 로버트슨은 혁명이란 용어를 매우 좁게 정의하면서, 귀에 거슬릴 정도로 자신의 견해를 분명히 옹호하고 있다.

　　정확하게 부르려면, 사회의 권력 배분을 광범위하게 변화시킬 뿐만 아니라 전체 사회구조에 중요한 변화를 가져오는 폭력적이고 완전한 정치체제의 변화를 혁명이라고 불러야 한다. … 정치학에서 이 용어의 기본적인 의미는 반드시, 대중들을 동원해 현존체제에 대항함으로써 어떤 지배계급을 신중하고 계획적인 폭력으로 전복하는 것이어야만 한다(Robertson 1986, pp.290~291. 강조는 글쓴이).

　우리는 로버트슨의 정의를 검증할 수 있다. 로버트슨은 우리에게 자신의 정의에 들어맞는다고 생각되는 세 사례를 제시한다. 프랑스, 러시아, 그리고 중국혁명이 바로 그것들이다. 중국은 이 정의에 잘 들어맞는다. 그러나 프랑스는 그렇지 못하다. 프랑스혁명은 계획적이지 않았다. 러시아도 마찬가지였는데, 그곳에서는 체제에 저항하는 대중 동원이 없었다.

　확실히 이 정의는 너무 제한적이다. 기든스는 더욱 신중하다.

기든스는 (사회학자로서) 무엇이 혁명이 아닌지 말하면서 논의를 시작한다. 지도자 집단을 대체할 뿐인 쿠데타는 사회학 용어로 '혁명'이 아니다. 그리고 혁명은 대중적인 사회운동을 포함해야만 한다고 주장한다. 혁명은 중요한 개혁이나 변화 과정을 이끌어내야 하며, 폭력을 사용하거나 사용하겠다고 위협하는 행위를 포괄한다. 그래서 혁명에 대한 기든스의 정의는 "대중운동의 지도자가 폭력 수단을 통해 국가 권력을 장악하고, 뒤이어 그 권력이 중요한 사회개혁 과정들을 시작하는 것"이 된다(Giddens 1989, 604~605).

그러나 이 정의는 다시 예외들을 만들어 낸다. 러시아혁명은 대중운동의 결과물이 아니라 특정한 분파 운동의 결과물이었다. 대중운동은 지도자가 쿠데타를 통해 권력을 장악한 다음에야 비로소 창출되었다. 1949년에 일어난 중국혁명은 이 정의에 매우 잘 들어맞지만, 이 경우는 1933년에 히틀러가 독일에서 권력을 장악한 것에도 마찬가지로 잘 들어맞는다. 왜냐 하면 히틀러는 정권을 장악했고, 체계적이면서도 신중하게 폭력을 사용해 더 큰 권력을 확보하는 데 국가 권력을 활용했지만, 처음부터 대중운동의 지지를 받았다. 그러나 국가권력을 장악한 뒤에 반드시 사회변동 과정이 발생하는 것은 아니라는 점이 꼭 언급되어야만 하는데, 폭넓은 사회변동을 야기한 쿠데타를 혁명으로 불러야 하는지에 대해 기든스는 별다른 언급을 하지 않고 있다.

혁명의 관찰자들은 대부분 '혁명'이 중요한 사회변동 과정에 적절히 적용될 수 있으며, 그 기간이 일정하지 않다는 데에 전부 동의할 것이다. 얼마나 많은 혁명이 존재했는지는 여전히 합의되지 않고 있지만, 이런 방식으로 이 용어를 사용하는 사람들은 혁명으로 정의할 수 있는 사례가 매우 적다는 데에는 명쾌히 합의한다. 일반적으로 인정되는 사례는 영국혁명(영국에서는 아직도 시민전쟁이라고 불린다), 미국혁명(영국에서는 아직도 독립전쟁이라 불린다), 1789년 프랑스혁명, 1910년 멕시코혁명, 1917년 러시아혁명, 1949년 중국혁명, 1959년 쿠바혁명 등이다. 1912년 중국혁명에서 1979년 니카라과혁명과 이란혁명에 이르기까지, 중요한 사회혁명의 사례들이 10여 개 정도 더 있다는 점도 — 일반적이지는 않지만 — 널리 받아들여지고 있다.

어떤 용어를 두고 일반적으로 널리 쓰이는 용법과 좀더 엄격히 쓰이는 전문적 용법이 다르다고 해서 꼭 대중적인 용어를 사용할 이유도 없을 뿐더러, 그렇게 하는 게 반드시 좋은 것도 아니다.

그러나 정의는 존재해야만 하는데, 정의를 내린다는 것은 무미건조한 지적 관행이라기보다는 어떤 사상의 근본 자체이기 때문이다(Sartori 1970). 정의는 우리의 이해를 진전하게 하는 근본 요소이며, 또한 그 의미가 한정되어야만 유용하다. 그러나 사회과학에서 반드시 염두에 두어야 할 두 가지 사실이 있다. 정의를 규정하는 까닭은 정확성을 기하기 위해서지 다른 이유 때문이 아니라는 점과, '혁명'이란 용어의 제한된 정의는 그 정의가 결코 정확하지 않다는 난제를 갖는다는 점이다. 사실, 혁명이란 용어는 하나의 정의에 너무나 폭넓고 지나치게 많은 현상을 포함하고 있어 분석이 거의 불가능하다. 또한 동시에 혁명은 많은 사례들을 배제함으로써 우리에게 남겨진 소수의 사례 연구에서 어떤 유용한 결과도 끌어낼 수 없게 만드는 어려운 재주넘기를 하고 있는 셈이다.

그렇다면, 왜 혁명은 중요한 조작적 개념으로 여겨질까? 그 이유는 어렵잖게 찾을 수 있다. 프랑스혁명은 새롭고 훨씬 개선된 모델에 따라 사회를 재구성한다는 개념을 받아들였던 계몽주의가 이미 길을 닦아 놓은 상태에서 일어났다. 그러나 프랑스혁명은 근본적인 충격으로 다가왔다. 알렉시스 토크빌의 말처럼 "맨 처음 유럽 군주들과 정치가들이 보기에 국가의 고통이 점점 커져가는 심상치 않은 징후라기보다는 그저 일시적인 상황처럼 보였던 것이, 이제 과거의 운동과는 확실히 다른 절대적으로 새로운 그 무엇이라는 점이, 즉 기이할 정도로 널리 확산되고 인간의 이해력을 좌절시킬 정도로 계산이 불가능한 그 무엇이라는 점이 밝혀지고 있었다"(Tocqueville 1966, 35). 사태의 실제 경과는 전혀 기대하지도, 어떤 측면에서는 환영받지도 못했던 것이었지만, 인간의 의지가 유럽 주요 국가들의 심장부에서 새로운 질서를 창조할 수 있음을 실제로 증명해 보인 이 사건은 씻을 수 없는 인상을 남겨 놓았다. 혁명은 미래에 이르는 경로였다. 그것은 정치적 사건이라기보다는 사회적 과정으로 간주됐으며, 나아가 현존하는 정치적 경계선을 초월하는 그 무엇이었다. 이집트, 인도, 희망봉, 서인도 제도, 그리고 라틴아메리카로 전투가 확산되면서 혁명은 유럽뿐만 아니라 전세계의 모습을 다시 만드는 강력한 힘으로 나타났던 것이다.

그렇다면, 맑스가 사회주의 사회를 성취할 수 있는 하나의 방법이 혁명이라는 새롭고도 놀라운 힘이라고 예측—주장하거나 증명했다기보다는—한 것은 약간 놀라운 일이다. 왜냐 하면 20세기가 오기 전까지, 혁명가를 자처했던 사람들은 역사라는 기관차의 지렛대를 통제할 방법을 배우려고 노력했기 때문이다.

그 혁명가들이 실패했다는 사실이 중요하다. 19세기 유럽에서는 많은 혁명들이 있었지만, 그 가운데 아무 것도 위대한 사회혁명으로 간주되지 않고 있다. 동시에 유례를 찾기 힘든 사회변동이 일어났지만, 그것은 안정된 정치질서의 출현과 진화적인 변화와 연관되어 있다. 통일, 통합 그리고 권위는 정부가 자신들의 신민들에 대해 권력을 획득하는 시기의 구호였으며, 동시에 사회진보는 도전받지 않는다는 가정이기도 했다. 1914년 혁명가들이 무장봉기에 나섰을 때, 유럽의 대제국들은 자신들끼리 나머지 5대륙을 분할했으며, 거기에 살고 있던 사람들에게 유럽인들처럼 살라고 가르치고 있었다. 이 가운데 단지 미국과 일본이라는 두 주요 비유럽 강대국만이 산업화와 제국에 이르는 길로 발전하고 있었다.

혁명의 모델

어떤 현상이나 사건에 서로 관련된 속성들의 가장 중요한 뼈대를 현실에서 추출하는 작업은 사회과학자들의 기본적인 분석 도구 가운데 하나다. 우리는 이런 속성들의 틀을 '모델'이라 부른다. 물론, 모델은 현실이 아니다. 그러나 모델은 현실을 단순화해 중요한 변수들을 좀더 분명하게 보여주기 때문에, 우리는 이것을 통해 좀더 효과적인 방식으로 사태의 원인을 해명할 수 있다.

문제는 모델이 마찬가지의 특정한 방식으로 우리의 현실 인식을 틀지운다는 점이다. 우리는 우리의 선입관에 맞지 않는 사실들을 소홀히 하기 시작한다. 우리는 모델이 우리 앞에 틀지워 놓은 선택적인 상황에 사실들이 쉽사리 들어맞지 않기 때문에 결론을 무시하게 된다. 따라서, 모델의 제한성을 깨닫는 것은 모델을 효과적으로 사용하기 위한 필수 조건이다.

이 사실은 1789년의 프랑스혁명에 대해서도 잘 들어맞는다. 200년이 지난 뒤에도, 이 놀랄 만한 일련의 사건들이 가져온 흥분은 좀처럼 가라앉지 않고 있다. 페티(Pettee 1938)의 뒤를 이어 최근의 역사가, 사회학자 그리고 정치학자들이 명명한 것처럼, 프랑스혁명은 여전히 위대한 사회혁명의 전형적인 사례다. 문제는 그 관찰자들이 저마다 다른 맥락에 서로 관련되어 있는 이 사건의 여러 속성들을 각기 고립시킨다는 점이다.

프랑스혁명을 해석하는 자유주의적 모델은 현존하는 사회질서의 결점 때문에 혁명이 발생했다고 본다. 불만이 시정되기를 바라던 인민의 대표들은 국민의회를 통한 대의제를 요구해 결국 그것을 성취했다. 하지만, 모든 것을 바로 잡으려는 노력은 보수 세력의 연합에 의해 훼손됐다. 유럽의 보수 세력들로서, 특권을 상실할까봐 두려웠던 왕과 귀족들은 자신들의 안전을 걱정했다. 구체제의 비효율성과 잘못된 통치의 결과로 이미 파탄 난 정부는 구체제 모델을 강요할 수 없었다. 좀더 급진적인 지도자들이 전면에 등장함에 따라 프랑스혁명은 통제를 벗어났고 곧 이어 공포정치가 뒤따랐지만, 좋은 시절이 오면 적절하게 통제될 것이었다. 결국, 대중의 열정은 흥건한 피에 젖어 사망했다. 로베스피에르와 동료들은 타도됐고, 혁명은 자신의 자손들을 파멸시켜 버렸다. 프랑스의 사례에 따르면, 흔히 테르미도르의 반동이라 불리는 이완기가 오자 부패와 느슨한 삶이 뒤따랐다. 이 시기는 새롭고 기술적으로 더욱 효율적인 정부 형태, 좀더 구질서에 가까워진 군부 주도의 정치체제가 재차 강화되는 길을 열었다.

이런 경험을 통해 일반화를 시도하면서, 자유주의자들은 점차 입헌제와 대의제에 기본적인 강조점을 두게 됐다. 투표권이 주어지면 인민들은 자신들의 불평불만이 바로 잡힐 수 있으리라고 기대할 것이며, 사회변동도 질서 있게 진행될 것이다. 1905년 러시아에서 그랬던 것처럼, 대중봉기는 머지않아 개혁이 닥쳐올 것임을 알리는 분명한 징표였다. 그리하여 영국에서 헨리 캠벨-바너만 경[3]은, 차르인 니콜라이 2세가 각료들의 요구에 밀려 제1차 두마를 해산했다는 말을 듣자마자 의회에서 이렇게 선언했다. "두마는 죽었다, 두마 만세!" 자신들만의 혁명사를 지닌 미국에서는, 혁명 자체가 결국 입헌제식 질서로 나아가리라는 점을 더욱 분명하게 깨닫고 있었다. 따라서, 태프트[4] 대통령은 1911년 중국에서 왕조가 붕괴하고 입헌 공화국이 왕조를 대체한 일을, 입헌주의의 장점을 드러내주는 가장 극적인 사건이라고 환영했다. 우드로 윌슨[5]은 불행하게도 아직 준비가 덜 되어 있던 세계에 민족자결주의 원칙과 그 열망을 구현할 국제연맹이라는 조직 구조를 확립함으로써, 적당한 때에 유럽에서 불의의 세대를 종식시키고자 노력했다.

당연하게도, 자유주의적 관점은 불만이 생겨나는 경제적 기초를 고려했다. 알렉시스 토크빌의 혁명에 관한 연구는 1789년

---

3. [옮긴이] Henry Campbell-Bannerman(1836~1908). 영국의 정치가. 1868년에 자유당 소속으로 하원의원에 당선된 뒤, 1905년부터 1908년까지 수상을 역임하기도 했다.

4. [옮긴이] William Howard Taft(1857~1930). 미국 제27대 대통령(1909~1913).

5. [옮긴이] Woodrow Wilson(1856~1924). 미국 제28대 대통령(1913~1921).

에 프랑스 국가가 얼마나 비합리적인 하부체계들을 갖고 있었는 지를 잘 보여주고 있다(Tocqueville 1966). 조세는 비합리적으로 부과됐는데, 때로는 서로 다른 지방에서 서로 다른 비율로 징수 되기도 했다. 조세 청부 징수는 엄청난 양의 조세가 왕에게 바쳐 지지 않았음을 의미하며, 귀족들에 대한 면세는 농민들이 조세 부담을 거의 전적으로 떠맡았다는 것을 의미한다. 지역마다 달라 복잡했던 화폐와 도량형처럼 지방과 지방 간의, 지방과 수도 간의 관세 장벽은 자유로운 무역을 가로막고 있었다. 이런 상황 에서 혁명은 수세기 동안 이어져 내려온 행정적 땜질의 잔해를 일거에 쓸어 버리고, 좀더 논리적이고 새로운 기반의 경제 활동 을 성립케 하는 합리화를 달성하기 위한 거대한 행위였다. 그런 개혁을 기초로 한 경제적 자유주의자들은 19세기 초반에 자유방 임을 표어로 내세웠다. 영국이 1846년에 곡물법을 폐지한 사건 은 자유무역을 정부의 기본 원리로 삼게 만들었으며, 급속하게 성장하는 인구를 부양하기 위한 저곡가 시대를 열었던 것이다.

기능주의적 모델은 자유주의적 혁명 모델에서 직접 유래된 것인데, 오늘날 찰머스 존슨의 저작이 이 모델을 대표하는 적절 한 사례로 제시되고 있다(Johnson 1964, 1966). 한 사회체제는 오 랜 기간 생존하기 위해, 특히 체제 자체를 유지하기 위해 특정한 기능을 수행해야만 한다. 체제 내의 균형은 욕구를 충족시키고 체제를 향한 도전을 격퇴함으로써 유지된다. 또 과거에 '불평불 만'이라고 불린 것들은 이제 모조리 역기능—체제의 여러 측면 들 중 작동하지 않는 것 — 으로 간주된다. 복합적인 역기능의 존재, 즉 체제의 상당 부분이 효율적으로 작동하지 못함으로써 사회의 다른 부분들이 소외되는 상황은 필연적으로 사회혁명의 조건이 된다(Johnson 1964). 이처럼 국가가 복합적인 역기능 상태에 빠져 있는 상황에서 상대적으로 작은 사건들이 혁명적 과정에 가속제 또는 촉매제로 작용할 때, 혁명이 발발하게 된다. 복합적 역기능에 촉매제를 더하면 혁명이 되는 것이다.

맑스주의적 관점은 기원을 따져 보자면 기능주의적이다. 토크빌처럼 맑스와 엥겔스도 경제적 합리화라는 주제를 받아들였지만, 약간은 다른 결론에 도달했다. 동시대인들처럼 이 혁명가들에게도 프랑스혁명은 헤아릴 수 없이 중요한 사건이었고, 인류의 진보에 있어 주요한 진전으로서 세계사에 기록될 사건이었다. 그러나 프랑스혁명의 중요성은 입헌주의를 향한 진전이나 임기응변식 불평불만의 해소에 있는 것이 아니라, 변증법적인 경제발전 과정에 기초해 사태가 전개되어 가는 하나의 단계라는 데에 있었다. 프랑스혁명의 진정한 승자는 공화주의자들이나 왕당파, 또는 보나파르트주의자들이 아니었다. 사실, 맑스가 살아 있는 동안에는 이 세 집단들 가운데 어느 집단이 프랑스를 지배할 것인지가 결정되지 못했으며, 맑스 사후의 세계는 과거 어느 때보다 모든 측면에서 더욱 강력해진 제국들에 의해 지배됐다. 진정한 승자는 개인이나 정당이 아니라 계급으로서 부르주아지였는데, 이 계급이야말로 역사적 과정의 진정한 행위자였다.

따라서 맑스주의적 모델로 프랑스혁명을 본다면, 구체제는 경제적 비효율성 때문에 실패했다. 낡은 봉건적 질서는 생산 역량을 소진했을 뿐만 아니라 오히려 파괴해 버렸다. 부르주아지는 국민의회를 소집하며 자신들을 처음 계급으로 의식하게 되었고, 구체제를 타도하기 위해 단결하게 됐다. 하지만 각 단계마다 부르주아지는 경제발전의 장애물을 제거하고 새로운 생산력을 해방시킨다는 공통의 목표를 갖고 있던 까닭에, 뒤이은 정치변동은 대부분 부적절한 것이었다. 그렇지만 전장의 연기가 사라지고 난 뒤 나타난 새로운 질서는 과거의 질서와 근본적으로 다른 것이었다. 즉, 귀족이 아니라 부르주아지가 정권을 장악하게 된 것이다.

그러나 맑스가 동시대 사람들과 구분되는 이유는 프랑스혁명을 바라보는 관점뿐만 아니라 그 결론 때문이었다. 맑스는 부르주아지가 프롤레타리아트의 노동력을 착취할 수 있는 권력을 가지고 있다고 믿었다. 이런 상황에서 부르주아지와 프롤레타리아트는 변증법적인 관계로 서로 묶이게 되었는데, 마치 봉건제가 생산에 적절한 기반을 제공하지 못하자마자 부르주아지가 귀족들을 대체했듯이, 세계에 괄목할 만한 변형을 가져온 자본주의도 최종적으로 생산 능력을 소진하게 될 경우 프롤레타리아트가 부르주아지를 타도할 것이었다. 활황과 불황의 패턴을 가진 무역주기야말로 자본주의가 생산의 한계를 주기적으로 초과해 반복된 경제적 위기를 가져올 것이며, 이로 인해 정치적 측면에서도 즉각 영향을 받게 될 것임을 보여 주는 명백한 증거였다.

맑스는 1847년의 불황이 많은 혁명적 사건이 일어난 1848년의 전주곡이라 믿었다(Engels in Marx and Engels 1962, Ⅰ, 120). 무역에 대한 확신이 부활한 것은 유럽의 반동과 1851년 보나파르트의 쿠데타의 전조였다. 각각의 새로운 불황은 자본주의의 궁극적인 위기가 다가왔음을 알리는 징조일 수 있었다. 무엇보다도 유럽 역사에 면면히 내려온 혁명의 전통을 전형화했던, 노동계급의 대표들이 수도의 임시정부를 최초로 장악한 파리코뮌이 이런 신념을 강화해 주었다. 코뮌을 분석한 맑스의 논문에 붙인 서문에서 엥겔스는 이렇게 적고 있다. 코뮌은 "파리에서 프롤레타리아 혁명이 가능하다는 것을 다시 한번 보여주었다"(Engels in Marx and Engels 1962, Ⅰ, 473). 사실 엥겔스는 틀렸다. 1876년 이후, 유럽의 각국 정부는 잠깐 동안 시민들에게 취약성을 보였던 반면에 혁명적인 행위는 장기간 소강 국면에 빠져들었고, 세기말의 파리는 부르주아식 생활의 전형이 됐다. 하지만 코뮌의 기억은 존속되어 신화가 됐으며, 나아가 도시 봉기로 추동되는 대중혁명의 은유가 됐다. 인류 역사상 최초로 우주 공간에 들어선 유리 가가린이 코뮈나르들의 깃발을 들고 간 것도 코뮌이 후세들에게 혁명을 상징했기 때문이었다.

따라서 맑스주의적 혁명 모델은 주요한 역사적 시점에서 발생한 사건들이 일궈 놓은 특정한 결과다. 정치권력을 완전히 장악한 부르주아지라는 가정은 혁명의 결과로 초래된 것이었다. 영국에서는 국회파와 왕당파의 싸움에서 왕이 패배함으로써, 프랑스에서는 국민의회가 창설되고 정치적 권위를 장악함으로써 그런 결과가 빚어졌다. 프롤레타리아트도 이와 비슷한 형태로 권력을 장악할 것이며, 다가올 사회혁명은 산업화된 선진국, 즉 계급들이 가장 완전하게 양극화된 나라에서 발생할 것이라는 언급은 이론적인 주장이라기보다는 하나의 가정이었다. 하지만, 19세기가 끝나기 전에도 이런 양극화가 실제로 발생하지 않으리라는 점이 분명해졌다. 비록 부는 고도로 집중되어 있었지만 사회적 동원이 가능했고, 프롤레타리아트도 정치적 과정에서 어느 정도 지분을 인정받았다. 덧붙여, 정부는 위험을 인식하고 있어서, 독일의 철혈 재상 비스마르크는 산업적 질서가 낳을 최악의 결과를 중화하기 위해서 사회복지라는 수단을 도입하기까지 했다. 사망하기 바로 직전에 맑스는, 그리고 뒤따라 엥겔스는 이 나라들에서 프롤레타리아트가 무장투쟁이 아니라 합법적인 수단으로 권력을 획득할 수 있을 것이라고 몇 차례 언급한 바 있다. 예측되지 못했던 사실은 민족주의가 등장하고 강력하게 강화되리라는 것이었다. 맑스에게 역사에서 주요한 행위자는 민족이 아니라 계급이었다. 맑스의 슬로건은 "만국의 프롤레타리아트여 단결하라"(Marx and Engels 1962, I, 21~65)였으며, 혁명적 행위의 매개자는 <국제노동자협회>였다. 1914년 무렵, 유럽에서는 사회주의가 국제주의의 기치 아래 주요한 정치적 세력이 되어 있었다. 하지만 결정적 시기가 도래했을 때 프랑스와 독일의 사회주의자들은 전쟁을 지지했으며, 이로써 프랑스혁명에서 탄생했고 맑스가 채택했던 전통적인 국제주의적 관점에도 불구하고, 사회주의 자체가 분열되어 버렸다.

그 대신, 1917년 11월에 일어난 볼셰비키혁명은 훨씬 엄격하게 제한된 맑스주의 해석, 즉 맑스-레닌주의 혁명 모델에 새로운 권위를 부여하게 됐다. 이 모델이야말로 맑스주의 모델을 유효하게 해석한 것이라고 주장되었으나, 이 모델은 맑스의 모델과는 아주 다른 요소를 지니고 있었다.

사회혁명은 여전히 대중적 의지의 산물로 간주됐다. 사회혁명은 프롤레타리아트의 소망을 표현하는 것이기 때문에 정당성을 확보했다. 불가피하게도, 부르주아지를 타도하기 위해서는 일단 부르주아지가 먼저 존재해야 한다는 전제 조건을 갖추고 있어야 한다. 그러나 상당히 수정해야만 새로운 상황에 적합할 것이라던 맑스의 예견을 고려하더라도, 러시아의 상황은 너무나 달랐다.

첫째, 부르주아혁명이 문제였다. 러시아는 1917년 3월 차르 체제의 전복을 가져왔던 이른바 2월혁명을 제외한다면 부르주아혁명을 경험해 본 적이 없었다. 만약 이것이 맑스의 이론에서 말하는 부르주아혁명이라면, 그것은 역사의 진행 과정이 상당히 단축됐다는 것을 의미한다. 나중에 다시 검토하겠지만, 맑스에게 이 역사의 진행 과정이란 권력이 물리적으로 이양되는 문제였을 뿐만 아니라, 부르주아적 질서가 지닌 생산 능력이 먼저 소진되어야만 가능해지는 과정이기도 했다.

둘째, 자발성이라는 문제가 있었다. 자신들이 살던 시대보다 역사상 앞서 존재했던 프랑스혁명을 모델로 이론을 기초했던 맑스와 엥겔스는, 분명히 혁명을 자발적인 대중봉기로 규정했다. 1830년과 1848년의 혁명, 그리고 파리코뮌은 모두 정치적 목적을 추구하는 거대한 대중운동이자 경제적 변형 과정이었다. 로자 룩셈부르크를 포함해 다른 이들이 이런 전통적인 관점을 추구했던 데 반해, 레닌은 대중의 자발적인 행위만으로는 충분하지 않다고 주장했다. 레닌의 주장에 따르면, 볼셰비키혁명은 진정한 프롤레타리아혁명이었지만, 프롤레타리아트의 소망을 대변하도록 조직되고 프롤레타리아트를 위해 행동한 정당의 산물이었다(Lenin 1968). 다른 유럽 국가들에서도 사회혁명은 우발적으로 일어났다기보다는 조직되어야만 했다. 최소한 1917년에 실제로 무슨 일이 일어났는지 기억할 수 있는 사람들이 여전히 존재하는 한, 기존의 주장은 늘 어떤 모호함을 안고 있다고 말할 수 있다.

나중에 세르게이 에이젠슈타인은 수만 명에 달하는 노동자들이 집단 공격을 가해 동궁을 점령한 듯이 영화를 만들었지만,

사실은 2백 명에 달했던 잘 훈련된 돌격대들이 일사불란하게 행동해서 동궁을 점령했으며, 실제 사건이 발생했을 때보다 이 사건을 영화로 만드는 동안에 부상자가 더 많이 발생했다. 그러나 기억되는 것은 현실이 아니라 신화다.

셋째, 혁명 다음에 무슨 일이 발생할 것인가 하는 문제가 있다. 어쩔 수 없는 일이긴 했지만, 맑스는 이 주제를 모호하게 다뤘다. 혁명 이후에 뒤따를 것이라고 맑스가 예상한 '프롤레타리아 독재'는 후세의 해석자들이 생각하고 주장했던 것만큼 명료하지 않다. 1848년 당시에는 '독재'라는 단어가 오늘날처럼 구제받지 못할 만큼 부정적인 함의를 갖고 있지 않았다. 그 당시 많은 사람들은 독재를 로마인들이 만들어낸 임시 직책, 즉 비상사태가 발생했을 때 국가 전체의 이익에 따라 행동하는 특정한 사람이나 사람들이 모든 권력을 부여받는 직책으로 여기고 있었다. 확실히, 맑스는 독재를 1인 지배로 해석하지 않고 계급의 집단적 의지로 간주했다. 엥겔스는 독재를 파리코뮌 당시의 행정부에 비유했다. 러시아 경우에는 소비에트나 지역 의회가 코뮌에 해당하는 것이었는데, 볼셰비키들은 차르 체제의 붕괴 이후 흥분에 들끓던 기간 동안 러시아에서 "모든 권력을 소비에트로!"를 외쳤다. 그러나 레닌은 권력을 손에 넣자마자 소비에트의 의지를 당의 의지에 종속시켰다. 당의 '지도적 위치'에 관한 규정은 1977년까지 소련 헌법에 보존되어 있었으며, 맑스-레닌주의 사상의 원리에서 독특한 상징으로 남아 있었다. 따라서 사회혁명의 지속적인 수혜자는 바로 당이었던 것이다.

혁명은 한 계급을 전복시키지만, 이를 통해 모든 계급을 소멸케 하고 공산주의 사회를 성립시킬 것이었다. 부르주아지를 제거했기 때문에 노동자와 집산농장의 농업노동자라는 비적대적인 두 계급이 남아 있을 뿐이며, 여기에다가 계급은 아니지만 사실상 소련 사회를 지배하게 된 엘리트 계층들—인텔리겐챠—가 있을 뿐이라고 스탈린이 주장하긴 했지만, 현실은 소련에서 계급들이 그대로 존속했음을 보여 주었다. 밀로반 질라스는 유고슬라비아 공산당이 권력이라는 외피에 둘러싸여 적어도 계급의 외양을 띠고 있거나, 그것도 아니면 사실상 하나의 계급이 됐다고 주장한 바 있다(Djilas 1957). 질라스는 지배계급은 생산수단을 통제하기 때문에 지배계급이라고 주장했다. 공산당은 초기 지배계급과는 달리, 기술적으로는 생산수단을 소유하지 않는다. 하지만 공산당은 프롤레타리아트의 이름 아래 생산수단을 국가재산으로 관리해 왔으며, 그 와중에 하나의 계급에 상응하는 자의식과 그것에 따라오는 특권을 획득했던 것이다.

티토가 다른 모든 공산당들을 지배했던 소련 공산당의 권위에 도전했을 때, 질라스의 주장은 결정적인 시점에 도달하게 됐다. 레닌은 맑스가 편견 없이 보여 주었던 국제주의적 관점을 완전히 거부하지 않았으며, 이것을 국가의 정책적 무기로 사용했다. 레닌의 후계자인 스탈린은 이런 경향을 강화했다. 외부 세계를 잘 몰랐고 이해하지도 못했던 스탈린은, 그저 자국에서 새롭게 등장한 소비에트 정부의 권력을 강화하는 데만 몰두했다. 소련의 이런 태도를 싫어했을 뿐만 아니라 실제로 이해하지도 못했던 다른 유럽 국가들은, 중부 유럽의 작은 국가들로 이른바 '완충지대cordon sanitaire'를 만들어 소련을 고립시키려 했다. 소련은 국제주의라는 전통에 기대어 고립에서 벗어나려고 했지만 별다른 반응을 얻지 못했다. 1930년대 후반에는 이른바 인민

전선 정부를 건설했지만, 양측 모두 뭔가 지속적인 것을 성취할 수 있으리라고는 믿지 않았다. 스탈린이 히틀러와 맺은 냉소적인 동맹은 일종의 정치적 수완으로 설명될 수 있다. 이 동맹은 동료들을 전혀 설득시키지도 못했고 일시적으로 획득한 시간을 낭비한 데 불과했지만, 한 가지 교훈을 주긴 했다. 즉, 소련군이 동유럽에서 승리한 데에 힘입어 스탈린은 2차대전 이후 역으로 완충지대를 설치했으며, 이를 통해 자본주의를 궁지에 몰아넣는 동시에 소련에 자본주의가 감염되지 않도록 했다. 티토가 이끄는 유고슬라비아 공산당의 빨치산들만이 소비에트 적군the Red Army에게 의존하지 않을 수 있었다. 그랬기 때문에, 유고슬라비아만이 스탈린의 헤게모니에 도전할 수 있었고, 또 실제로 성공적으로 도전했던 것이다.

적군을 제쳐놓는다면, 위에서 시작한 혁명을 동유럽에 강요하는 과정에서 스탈린이 가장 신뢰할 수 있던 동맹자는 불가피성이라는 가정이었다. 많은 사람들이 혁명은 곧 발생하리라고 믿었기 때문에, 변화가 찾아와 인민민주주의가 성립되자마자 사람들은 당연히 이것을 혁명의 결과로 받아들였다.

맑스는 일단 발생한 혁명은 돌이킬 수 없는 게 인류 역사의 경향이라고 보았는데, 동구뿐만 아니라 서구 사람들도 대부분 그렇게 믿고 있었다. '부르주아'의 혁명은 중단되거나 선취되거나 전복될 수 있을지라도, 사회주의혁명은 그렇게 될 수 없었다. 혁명의 원인을 이론적으로 적절히 이해하는 게 철저히 방해받았던 까닭에, 서구에서는 1970년대 후반까지도 혁명의 불가피성이라는 가정이 전혀 의문시되지 않았다. 로널드 레이건6이 1981년

---

6. [옮긴이] Ronald Reagan(1911~   ). 미국의 제40대 대통령(1981~1989).

에 열정적으로 '대공산주의 전선에 복귀'한 사실도 그다지 심각하게 여겨지지 않았다. 물론 특정 정책이 이론적으로 가능한가 하는 문제와 실제로 이 정책이 실행됐는가 하는 문제는 별개일 텐데, 여러 가지 이유로 소련뿐만 아니라 소련과 동유럽의 소련 동맹국들 간에도 실질적인 변화가 일어난 결과, 레이건의 정책에 실체가 없다는 사실이 드러나지 않았다. 따라서 사실상 아직 별다른 변화가 일어나지 않았다고 우울하게 경고했던 사람들은, 역설적이게도 당시 레이건에게 환호하며 성공을 기대했던 사람들이었다. 아마도 최후의 맑스-레닌주의자를 찾으려면 워싱턴을 주목해야만 했을 것이다! 레이건은 전제적 정부를 타도하기 위해 자유로운 인민들이 무기를 든다는 천부인권으로 혁명을 바라보았던 미국의 전통적인 자유주의적 관점에 눈을 돌렸다. 더군다나, 미국 독립선언문에는 이렇게 씌여 있었다.

우리는 다음의 진실이 자명하다고 생각한다. 즉, 모든 인간은 평등하게 창조됐다는 것, 인간은 창조주에게서 확실히 양도 불가능한 권리를 부여받았다는 것, 이 권리들 가운데 생명, 자유 그리고 행복을 추구할 권리가 있다. 이런 권리들을 보장받기 위해, 정부는 피통치자의 동의 아래 정당한 권리를 획득하여 구성된다. 무슨 형태의 정부이건 이런 목적을 파괴하려고 할 경우, 정부를 대체하거나 폐기하거나 새로운 정부를 구성하는 것도 인민의 권리다.

하지만, 니카라과 반군을 "도덕적으로 건국의 아버지들과 동일하다"고 묘사했던 레이건의 말은 결코 간단하게 치부할 수 없는 혁명관을 내포하고 있다. 표면적으로 볼 때, 레이건은 반군이 제퍼슨의 주장대로 무력을 사용해서 자국의 기존 정부를 타도하거나 대체할 수 있는 권리를 행사하는 니카라과 인민들을 정당하게 대표하고 있다고 주장했다. 비록 이 반군이 미국의 혁명가들과는 달리 외세에 의해 조직적으로 훈련됐고 지원도 받고 있지만 말이다. 게다가 반군이 타도하려는 정부는 전통적인 군주국이나 식민지배 체제가 아니라, 니카라과 인민들 스스로 장기간 지속된 독재 왕조에 대항해 성공적으로 봉기를 일으켜 만들어 낸 혁명 정부였다(1980년대에 살아 있었다면 제퍼슨은 틀림없이 산디니스타 편에 섰을 것이다).

미국인들은 독립 이래로, 혁명이 정부를 바꾸는 정당한 수단이라고 보는 자유주의적인 관점과, 혁명은 소수 집단이 부패한 국가를 다른 국가로 바꾸는 과정에서 확산시키는 전염병이라고 보는 보수적 관점 사이에서 갈등하고 있었는데, 레이건도 이런 문제를 안고 있었다. 레이건은 산디니스타가 권력을 장악하게 된 배경 때문이 아니라, 소련과 동맹을 맺어 미국이 이 지역에서 얻던 이익을 저해할지도 모른다는 염려 때문에 산디니스타를 정당한 정부로 인정할 수 없었던 것이다. 그러나 어떤 집단이 개입됐느냐에 따라 혁명의 옳고 그름을 주장하는 것은 논리적으로 일관성이 없다(물론 논리적인 비일관성이 고위 정치권 인사에게 결격 사유가 된 적은 한번도 없었지만). 인민들은 자신들이 원하는 것을 할 권리가 있다는 제퍼슨식 가정에 빠진 나머지, 레이건은 자유로운 정부를 만들지 않은 산디니스타를 니카라과인들의 정당한 대표로 볼 수 없다고 주장하면서 이 딜레마를 회피할 수밖에 없었다. 만약 반군이 아니라 산디니스타가 식민지 세력의 지원을 받는 '외세' 분파였다면, 당연히 그 집단을 전복해야 했을 것이다. 인민들은 무슨 형태이건 자신들이 선호하는 정부를 선택할 권리가 있다고 하는 게 전통적인 자유주의적 주장이라면, 어떤 형태의 정부라도 자유를 규정하는 일정한 형식 표준을 충족시켜야만 받아들여질 수 있다고 하는 것은 신자유주의의 주장이다.

사실, 이런 주장은 또 다른 이유에서 성립되기 힘들다. 우리는 1770년대에 살고 있지 않으며, 또한 오늘날 염두에 두어야 할 국제법과 관례를 고려해야만 하는 것이다. 그러나 역사적으로 받아들일 만한 신자유주의적 혁명 모델이 존재한다면, 이 모델이 수용되기 위해서는 어떤 형식적인 기준들, 즉, 오늘날 널리 인정받고 있을 뿐만 아니라 브레즈네프 독트린의 형식처럼 사회주의 국가들에서도 호환될 수 있는 그런 기준들이 충족되어야만 한다.

간단히 말하자면, 모든 혁명 모델에는 공통된 일정한 속성들이 존재한다.

첫째, 혁명은 갑작스럽다. 모든 시대 모든 사회에 등장한 점진적인 정치·사회·경제적 과정은 중요한 변형을 가져올 수도 있고, 실제로 가져오지만 혁명은 아니다.

둘째, 혁명은 폭력적이다. 모든 정치체제는 궁극적으로 무력 사용에 의존하며(완곡한 용어로는 '물리적 강제'), 실제로 그 정의상 정치체제는 정당하게 물리적 강제를 독점해 사용할 수 있다. 하지만 혁명에서 물리적 강제는 최후의 수단이라기보다는 변화를 보장할 수 있는 본질적인 수단이다. 보편적으로 인정받은 모든 혁명들은 고도의 물리적 강제를 수반했다.

셋째, 혁명은 정치적 계승이다. 혁명이 일어나려면 하나의 지배집단이 다른 지배집단을 대체해야 한다. 따라서 혁명은 사후에야 확인될 수 있는 성질을 지닌 사건의 범주에 속한다. 정부를 전복하지 못하고, 정치체제를 지배하지 못하며, 훨씬 커다란 변화를 가져오지 못한 시도들은 혁명이 아니다(혁명의 하위 범주에는 현실적으로, 권력 사용을 제한하는 헌법이나 제도적 제약을 없애고자 지배자들이 자신들의 무력사용 권한을 사용하는 사건도 포함된다. 이런 사건들도 혁명으로 간주될 수 있는데, 그 이유는 이 경우엔 인적으로 지속성이 유지되더라도 지배집단 자체가 변하기 때문이다. 1851년 12월에 발생한 프랑스 제2공화정의 붕괴, 또는 1789년의 프랑스혁명이라는 전형적인 사례를 본떠 맑스가 의식적으로 '루이 보나파르트의 브뤼메르 18일'로 명명했던 저 유명한 쿠데타가 바로 그런 사례다).

넷째, 혁명은 변화다. 아무 것도 변한 것이 없으면 혁명이 아니다. 혁명 이후 무슨 변화가 일어나는지 또는 어느 정도 변화가 일어나야 혁명이라고 인정할 수 있는지에 대해서 견해가 일치된 적은 거의 없다. 변화의 성격은 정치적으로 설명되기 때문에, 혁명은 본질상 논쟁적인 개념이다(Gallie 1955~1956). 즉, 혁명은 정의상 의견 일치가 불가능한 개념이다.

어디서, 그리고 왜 다른 개념이 선호되는가?

본질적으로 혁명의 성격이 논쟁적이기 때문에 일부 연구자들은 이 개념을 포기한 채, 좀더 의미가 분명하고 융통성 있어 보이는 개념들을 선호하게 됐다. 물론 이런 개념들을 선택한 행위는 전적으로 타당한 것인데, 연구 목적에 따라 이런 개념들과 혁명이란 개념 사이의 관계가 자연스럽게 결정됐다.

혁명은 20세기 내내 공산주의와 동일한 것으로 여겨졌다. 오로지 공산주의만이 혁명을 할 수 있다는 묘한 신념이 맑스나 엥겔스 탓에 생겨났다고 말할 수 없는 건 확실하다. 만약 자신들의 이론이 옳다고 한다면 부르주아지야말로 혁명을 일으킬 준비가 가장 잘 되어 있고, 혁명을 가장 잘 실천할 수 있는 계급이라는 점을 이 두 사람은 잘 알고 있었다. 오히려, 이 묘한 신념은 미국이 초강대국으로 등장하면서 나타난 냉전의 산물 가운데 하나인 듯싶다. 서구의 정책 결정자들은 양극화 모델로 인해 맑스주의의 가정을 내면화했으며, 세계에 진정한 변형이 발생하고 있는데 사실상 오랫동안 예상되어 왔던 사회주의 혁명만이 현존 질서의 유일한 대안일 것이라고 가정했다. 모든 정치적 변화는 혁명이며, 혁명은 곧 공산주의라고 받아들임으로써 필연적인 변화를 효과적으로 방어할 수 있었지만, 몇몇 경우—특히, 인도차이나와 과거 포르투갈령 아프리카—에는 자기 자신을 식민지 억압 세력으로 만듦으로써 맑스주의 정권에게 일시적인 승리를 안겨줄 수밖에 없었다.

'혁명'이란 용어가 확실히 이데올로기적 가정과 연루되어 있었던 까닭에, 1960년대의 연구자들은 대부분 국가간이 아니라 국가 내부에서 발생하는 일체의 무력 충돌을 언급하기 위해 '내전internal war'(Eckstein 1964)이라는 가치중립적인 용어를 새롭게 발전시켰다. '내전'은 유용하면서도 효과적인 개념이다. 국제사회는 법률적 논리에 의거, 한 나라의 합법적인 정부가 정당한 권위를 부여해 준 군대의 활동을 전쟁으로 규정하긴 했지만, 사실상 여러 비정규전을 묵과할 수밖에 없었다. 국제사회는 그 타당성이나 추구되는 목적, 또는 사용되는 수단에 대해 아무런 판단도 내리지 않는 '교전 상태'라는 일반적인 개념 아래 비정규전을 포함해 왔던 것이다. 마찬가지로, 내전은 단일 국가의 영토 내에서 발생하는 무력 갈등을 적절히 구분해 낸다. 그런 갈등들은 흔히 일어난다. 그런 갈등들은 시작이나 종결이 분명하지 않으며, 대개 정치적 측면에서 어떤 의미 있는 결과를 만들어 내지도 못한다. 정부들이 붕괴되지 않고 사회의 변화가 뒤따르지 않는다면, 확실히 혁명이 아니다. 따라서 정치학자들의 관점에서 볼 때, '내전'이란 용어는 '혁명'이란 용어와 구별되는 것이다. 즉, 정치적으로 중요한 것과 커다란 성과를 달성하지 못한 것을 구분해 낼 수 있는 개념인 셈이다. 거가 사용한 바 있으며(Gurr 1970), 예측적 모델을 발전시키려던 몇몇 연구자들이 선호했던 '혼란'이란 용어도 마찬가지다. 다른 용어로는 군사적 상황을 배제한 채 정치적 상황에 초점을 맞춘 '정치적 불안정'도 있다. 이 용어는 사실상 어려운 쟁점을 야기하는 데 반해 흔히 단순하다고 오해받는 용어인데, 나는 이 용어를 나중에 별도로 살펴볼 것이다.

결국 혁명은 적어도 네 측면을 포괄하는 복잡한 용어다(Calvert 1967, 1970b). 첫째, 혁명은 주요 집단들이 기존 정부나 체제에서 이탈해 이것과 적대하는 과정을 포함한다. 둘째, 혁명은 사건, 즉 무력을 사용하거나 무력을 사용하겠다는 위협을 확신시킴으로써 정부를 전복하는 사건을 가리킨다. 셋째, 혁명은 기존 체제를 지탱했다고 여겨지는 사회의 주요 공리 중 일부나 전부를 바꾸려고 하는 후속 정부가 제시한 강령을 갖고 있다. 마지막으로, 혁명은 특히 정치적 신화다. 즉, 혁명은 사태가 어떻다는 것보다는 사태가 어떻게 되어야만 이상적인가를 더 많이 설명한다. 이 둘은 서로 상대방의 원인이란 측면에서 분명히 독립적이지만, 사건이라는 공통된 요소를 지니고 있다. 어느 혁명이 발생했다고 말하기 위해서는 특정한 사건이 있어야만 하는 것이다.

몇몇 혁명에서 이런 사건을 쉽게 찾아볼 수 있을 듯하다. 특히 1917년에 발생한 케렌스키[7] 정권의 붕괴, 1959년에 발생한 바티스타[8]의 망명은 독특할 뿐만 아니라 결정적인 사건이었다. 그렇다면 프랑스혁명에서 사건은 어디에 존재하는가? 아무튼, 루이 카페[루이 16세]가 파리 거리로 끌려나와 단두대 앞에 서기 위해 마지막 행진을 하기 3년 전에, 버크는 이미 프랑스혁명을 혁명이라고 올바르게 정의한 바 있지 않은가.

이 질문에 대답하는 것은 그리 어렵지 않다. 국민의회 결성이 하나의 전환점이었고, 왕의 죽음이 또한 하나의 전환점이었다. 이 두 사건과 다른 사건들—로베스피에르의 몰락, 테르미도르 반동, 브뤼메르 18일 등—이 모두 합쳐져, 우리가 프랑스혁명이라고 여기는 결과의 각 부분을 구성하고 있다. 이 각각의 사건들을 통해 모든 세력이 재편되는 길이 열렸는데, 바로 이 과정에서 누적된 효과들이 곧 다가올 사회개혁의 경로를 결정한 것이다.

버크는 1789년의 사건들이 프랑스의 발전에서 퇴행 단계라고

---

7. [옮긴이] Aleksandr Kerenskii(1881~1970). 러시아의 정치가. 1917년 7월 혁명 뒤 수상이 됐으나, 볼셰비키혁명 직후인 11월 6일 프랑스로 망명했다.

8. [옮긴이] Fulgencio y Zaldívar Batista(1901~1973). 쿠바의 정치가. 쿠데타(1952)로 권력을 장악했으나 쿠바혁명 직후 도미니카 공화국으로 망명했다.

폄하한 반면, 톰 페인을 위시한 대다수 사람들은 인간 진보의 역사에서 매우 중요한 단계라며 환호했다. '새로운 시대의 질서'가 도래했다고 열렬히 믿었던 철학자이자 과학자 콩도르세는, 감옥에 갇혀 석방을 기다리면서도 인간이 진보하는 과정을 개략적으로 그리기까지 했다. 로베스피에르의 몰락과 테르미도르 반동으로 콩도르세는 석방되지 못했지만, 인간 진보의 불가피성이라는 믿음은 살아남았으며, 이 믿음은 혁명의 주창자와 반대자가 모두 받아들였던 혁명의 신화, 즉 일단 막혀 있던 변화의 기운이 폭발된다면 이것을 결코 멈출 수 없다는 신화의 일부가 됐다.

하지만, 실상은 그렇지가 않다. 반혁명은 혁명과 다르거나 반대되는 것이 아니다. 반혁명도 혁명이다. 무력 사용이 군대에게 명령을 할 수 있는 어떤 사람의 관할 아래 있고, 대부분 일반적인 의미의 혁명가들이 아니라 반드시 필요한 변화마저 혐오하고 분개하며 단호히 반대하는 자들이 이 무력을 지휘한다는 점은 불행한 일이지만 말이다.

정부는 좌파의 도전에 의해서도 붕괴되지만 우파의 도전에 의해서도 붕괴될 수 있다. 진보적이고 개혁적인 정부를 이끌어낸 혁명적 사건이, 좀더 심오한 변화를 가져온다는 명목으로 결과적으로는 권위주의적인 독재를 등장시킬 수도 있는 것이다. 20세기 역사는 이렇지 않은 경우보다는 이런 경우가 더 많다는 교훈을 생생히 보여주고 있다. 새로운 한 세기가 시작하는 이 시점에서 정치학이 당면한 가장 커다란 문제는, 실질적이고 효과적인 입헌 과정을 통해 변화를 가져올 수 있다는 믿음을 회복하는 것이며, 무력 사용에 기대어 자신의 노골적인 이해관계를 관철하려는 권력을 억제할 방법을 모색하는 것이다.

혁명 연구의 문제들

무슨 이유인지 모르겠지만, 사람들은 늘 어떤 연구자가 어떤 사회현상을 연구하면 그 연구자가 그 현상에 찬성한다고 생각하는 듯하다. 하지만, 지리학자들이 세계가 화산으로 뒤덮이기를 바란다고 생각하는 사람은 아무도 없으며, 기상학자들이 악천후를 예측하는 데 때때로 지나치게 집착한다고 느끼는 사람들조차 기상학자들이 실제로 허리케인을 만드는 작업을 한다고는 생각하지 않을 것이다. 그러나 객관적으로 혁명을 연구하려는 사람들은 가장 먼저 그 동기를 의심받게 된다. 물론 정부의 안보기구를 위해 이런 현상을 연구하는 사람들은 사실상 객관적이지 않으며, 이런 까닭으로 인해 매우 심각한 실수를 저지르기도 한다.

혁명은 반드시 연구해야 할 주제는 아니다. 혁명은 갑작스러운 것이다. 과거의 경험에 비추어 볼 때 혁명적 상황이 혁명적 변혁으로 현실화되지 못한 경우도 있으며, 다른 한편으로 다른 곳과 달리 안정된 것처럼 보이던 국가가 갑작스럽게 변화에 휩쓸리는 경우도 있다.

물론 다른 사회 현상과 마찬가지로 혁명에도 예상 반응의 법칙[9]을 적용할 수 있다. 혁명이 점점 더 확실히 예견되고, 두려워

---

9. [옮긴이] law of anticipated reaction. 심리학 이론에서 대학에 갓 들어간 초년생들이 마치 변호사라도 된 것처럼 성장을 하고 다니는 것을 일컫는 말. 사람들은 자신들이 당연히 그렇게 행동해야 한다고 스스로 믿는 바에 맞게 행동한다. 예컨대, 개별 부서나 예산관리국 차원의 삭감이 예상되는 기구는 배정되리라고 예상되는 예산보다 더 많은 액수를 요구할 것이다(각 부서와 예산관리국은 이런 예상 반응을 예상한다). 마찬가지로 대통령은 의회의 반응을 예상하고,

지고 기대될수록, 혁명에 연루된 모든 사람들은 점점 더 적들의 각본대로 움직이지 않게 될 것이다.

혁명은 은밀한 것이기도 하다. 자칭 혁명가나 정부가 선제 공격을 계획한다면, 기습이야말로 그 자체로 커다란 전략적 강점이 된다. 혁명은 반드시 음모적이지는 않지만, 음모적 요소와 결합하는 경우가 많다. 일반적인 의미에서 혁명이 군사적인 것은 아니지만, 모든 혁명은 늘 군대의 충성심을 염두에 두고 있다. 분명한 것은 혁명의 초기 단계나 예비 단계는 이후에 펼쳐질 사태와 연결될 수밖에 없으며, 특정한 혁명의 관점을 유지하는 데 지대한 관심을 가진 개인들 경우에는 특히 그러하다. 물론, 모든 연구자들이 혁명 과정의 모든 측면들을 충분히 파악하리라는 보장도 없다. 비록 그것이 대단히 중요하더라도 말이다.

혁명은 복잡한 것이다. 따라서 고도로 훈련된 관찰자일지라도 전체 행위의 일부만을 볼 수 있을 따름이다. 현대의 혁명을 기록할 사람들은 대개 여러 나라의 수많은 사태를 폭넓게 보도하는 직업 저널리스트일 것이다. 당연히, 이런 사람들은 혁명을 연구하는 데 필요한 전문 훈련을 받지 못했을 것이다. 최악의 경우, 적절하지 못한 훈련을 받은 사람들이 중요한 보도를 할 수도 있다 — 1968년의 멕시코 사태[10] 보도가 하나의 사례인데, 이 사태를 보도했던 기자들은 대부분 올림픽을 취재하기 위해 몰려든 스포츠 기자들이었다. 이 기자들은 민감한 정치 상황을 마치

의회의 위원회들은 각각의 반응과 회의의 최종 단계를 예측해 행동한다.
10. [옮긴이] 1968년 당시 멕시코는 제16회 올림픽 개최국이었는데, 멕시코 학생들은 올림픽보다는 국내의 필수 부문에 세금을 사용하라고 요구하며 시위를 벌였다. 7월 26일, 학생 7명이 살해되자 대규모 시위가 이어졌다.

학생 대 정부의 운동 경기로 보았고, 그런 방식으로 사태를 보도함으로써 틀라텔로코 대학살[11] 같은 끔찍한 결과를 일으키는 데 한몫 했다. 이런 상황에서라면 해당 국가의 지역 언론들조차 올바르게 보도하기가 힘들 것인데, 왜냐 하면 언론들은 정부의 압력에 취약할 뿐만 아니라, 작성한 보도물도 이따금씩 국제 언론사들의 억지에 적합하도록 재편집되기 때문이다.

수년이 지나서야 역사가들은 직업 외교관이라는 잘 훈련된 관찰자들의 보고서를 이용할 수 있었다. 자국 정부에 정확한 정보를 제공하는 것이 외교관의 주요 임무였기 때문에 이 보고서들은 믿을 만했으며, 사태의 원인과 정확한 실상을 파악하는 데 상당히 기여했다. 그러나 모름지기 역사사회학자라면 사회학자와 역사학자의 임무를 종합하는 작업을 해야 한다. 즉, 한편으로는 1차 자료에서 나온 불충분한 증거들을 보완·검토·평가하는 역사학자들의 기법을 사용하고, 다른 한편으로는 역사학자들이 별로 관심을 갖지 않는 사태의 여러 측면들, 즉 혁명이라는 주제에 관한 총체적인 이해를 확대·발전시키는 증거들을 따져보는 사회학자들의 기법을 사용한다.

이런 의미에서 보자면 역사학자들과 일부 사회학자들의 관점과는 달리, 역사사회학자들은 전적으로 존경할 만한 학문 연구의 일익을 담당하고 있다(Eisenstadt 1978, Hall 1985, Mann 1986, Mouzelis 1986, Zeitlin 1988). 특히 혁명의 경우 역사학자들의 방법은 사실상 우리에게 열려진 유일한 접근법이며, 확실히 복잡한

---

11. [옮긴이] 1968년 10월 2일, 멕시코시티 중심가에 있는 틀라텔로코 공영 주택가에서 일어난 사건. 정부는 1백 명 가량 사망했다고 발표했지만, 언론에서는 4백 명 이상이라고 했을 정도로, 멕시코 역사상 최악의 학살 사건이었다.

혁명 과정의 모든 측면들에 골고루 가중치를 둘 수 있는 유일한 방법이다(Zagolin 1982). 앞서 언급한 것처럼, 세계사적으로 중요한 변화의 순간에 발생하는 혁명이라는 사건은, 이것을 바라는 사람들에게나 두려워하는 사람들에게나 본질적인 문제일 수밖에 없다. 아직 적절한 연구 방법이 없다는 핑계를 대며 혁명을 무시한다는 것은, 사회학이 인간의 사회적 삶에서 진실로 근본적인 문제에 대해 대답은커녕 질문할 준비조차 되어 있지 않다고 말하는 것과 같다.

마지막으로, 혁명은 그 크기와 범위를 측정하기가 힘들다. 적절하게도, 사회과학자들은 측정의 정확도와 자료의 적합성에 상당한 비중을 두고 있다. 그러나 자료는 분석가들이 미리 결정한 사례들이 아니라 많은 관찰자들이 결정한 사례들로 구성되며, 각 관찰자들은 서로 미묘하게 다른 관점을 갖고 있다. 따라서 관찰자들은 실제로 본 것들을 기록할 뿐만 아니라, 자신이 입수할 수 있는 정보들을 두 가지 방식으로 복잡하게 발전시킨다. 즉 관찰된 것에서 관찰되지 않은 것을 추론해 낸다거나, 실제 발생했다고 일반적으로 합의된 내용과 자신의 관찰 기록이 좀더 잘 맞아떨어지도록 다른 사람들의 견해를 참조해 관찰 기록을 수정하는 것이다. 그렇기 때문에, 추론된 자료들을 이런 식으로 '손질'하는 것이 분석가들에게는 필수 원칙이다.

이런 추론 자체는 일반적으로 널리 유행하는 혁명 모델이나 분석 모델에 영향을 받기 마련이다. 1948년, 콜롬비아의 보고타에서 급진적 자유주의 지도자인 호르헤 엘리세르 가이탄[12]이

---

12. [옮긴이] Jorge Eliécer Gaitán(1898~1948). 콜롬비아의 정치가. 1928년에 발생한 막델라나 바나나 노동자 파업을 당시 보수당 정권이 유혈 진압하자, 정권

암살된 직후 발생한 폭동을 예로 들어보자. 암살자가 직접적인 집단폭행을 당해 살해된 까닭에 우리는 암살 동기를 모르고 있으며, 당시 주위에 있던 사람들도 이것을 알지 못했다. 그렇지만 몇 시간도 채 지나지 않아 이 사건을 둘러싸고 의혹이 증폭됐는데, 미주기구13 회의에 참석한 대표들은 이 소요를 공산주의 선동가들이 일으켰다고 결론지었다. 이런 견해를 부정하거나 입증해주는 증거는 전혀 없었지만, 이 견해는 곧바로 정설이 되어버렸으며, 오늘날에도 대다수 사람들은 이 견해에 기대어 그 시기를 설명하고 있다.

어쩌면 분석가들은 쓸데없이 복잡한 것을 설명하려고 달려들어서는 안 된다는 것을 입증해 주는 사례로 이런 경우를 들 수 있을지도 모르겠다.

대중적인 사건을 정확하게 관찰할 수 있도록 잘 훈련받은 관찰자들은 거의 없다. 평화적인 시위에서조차, 시위 조직가들이 제시하는 참여자 숫자('약 50만 명')와 경찰이 주장하는 참여자 숫자('5천 명 이하')는 늘 심하게 차이가 난다. 그러나 측정의 문제는 과장될 수 있다. 정확한 규모가 시위의 지속성, 목표, 참여자들의 분위기보다 반드시 중요하다고는 할 수 없다. 이런 경우에는 무엇을 어떻게 측정할 것인가 하는 문제가, 어떤 목적에

을 "미국 자본주의의 꼭두각시"라고 강도 높게 비판해 유명해졌다. 1946년에는 대통령 후보로도 나섰던 가이탄은 1948년 4월 9일에 의문의 암살을 당했다. 콜럼비아에서는 이 사건을 기점으로 오늘날 '폭력의 시기*La Violencia*'라고 알려진 좌파와 우파의 무력충돌 시기가 도래했다.

13. [옮긴이] Organization of American States. 1948년 9월 30일, 미국의 주도로 콜롬비아 보고타에서 열린 <제9회 미주회의>를 통해 설립된 미주 지역 국가들의 협력기구로서, 일종의 안전보장기구다(현재 35개국 가입).

정보가 필요한가에 따라 정해지는 문제들과 같아진다. "그 줄은 얼마나 길어"라고 묻는다면, "어떻게 보면 길고 어떻게 보면 짧다"는 적당한 대답만을 얻게 되는 것이다.

간단히 말하자면, 우리가 관찰하고 있다고 생각하는 내용에 따라 우리가 관찰하는 내용이 정해지며, 우리는 우리에게 쓸모 있다고 생각되는 것들만 평가하게 되는 것이다. 대다수 관찰자들은 1979년에 이란에서 무슨 일이 일어났는지를 한참 동안 깨닫지 못했다. 좀더 정확히 말하면, 당시 관찰자들은 자신들이 본 사건이 서구식 근대화가 남긴 피상적인 흔적들을 일소하고 신정神政국가를 건설하기 위해 계획된 중요한 사회혁명임을 제대로 해석해 내지 못했던 것이다.

이 관찰자들은 원래 무능했기 때문이라기보다는, 자신들이 목격한 사건이 의미할 수 있는 바를 그릇되게 가정했기 때문에 자기 눈으로 본 바를 이해하지 못했던 것이다. 20세기의 마지막 사반세기에 다다른 지금 종교는 사회혁명을 조직하는 이데올로기로 존속할 수 없다. 또한 경제적 근대화는 그 자체로 좋은 것이기 때문에 혁명이 일어날 가능성을 아예 봉쇄하리라는 두 가지 닮은꼴 믿음이야말로 그 당시 사람들이 지니고 있던 가장 중요한 가정이었다. 서구인들의 의식 속에 이 두 가지 믿음을 굳건히 심어 놓은 프랑스혁명 200주년을 기념하는 동안, 수십 년 간 권력을 장악하고 있는 이란 정권과 지도자들이 지난 시절 몇몇 프랑스 혁명가들처럼 반대자들을 숙청하고 괴멸시키면서, 자신들의 이데올로기를 다른 나라에 수출하려든다는 것은 참으로 얄궂은 일이 아닐 수 없다.

해석 *II*

혁명을 해석하기

이제 혁명에 눈을 돌려보자. 무슨 일이 일어나고 있는가? 다른 사람들에게나 우리에게나 근본적인 문제는 혁명이 사회적 과정이라는 점이다. 혁명이 '실제로' 무엇을 의미하는지는 몇 가지 대략적이고 추상적인 평가 기준이 아니라, 혁명의 과정이 관찰자나 참여자와 맺는 관련성에 따라 결정된다. 따라서 어떤 사람들은 혁명에서 '실제'라는 것은 없다고 주장한다. 혁명은 사실이나 사실들의 묶음이 아니라 정신적 구성 개념이자 개별 의식의 창조물이기 때문에, 객관적 실체가 존재하지 않는다는 것이다.

이 주장은 우리를 사회과학의 근본적인 논쟁 한가운데로 곧장 빠져들게 만드는데, 사실 많은 사람들에게 이른바 실증주의에서 퇴보한 주장으로 인식될 것이다. '실증주의' 자체는 가치가 개재된 용어다. 인간의 지식에 관한 이론이 물리 현상을 연구하는 자연과학과 마찬가지로 질서 있는 우주 속에 사회를 위치시키자마자, 실증주의는 과학적 기준에 따라 사회를 객관적으로 연구할 수 있고 또 연구해야 한다는 관점에 적합 — 주로, 이 용어의 반대자들이 그렇게 생각했다 — 한 비판적 용어가 됐다. 실증주의자로 불리는 사람들(이 용어를 욕설과 다름없다고 생각한 대다수 맑스주의자들을 포함한 소수 실증주의자들만이 이 용어가 자신들에게 적합하다고 생각한다)은 객관적으로 규정되는 사실과 견해의 문제인 가치는 서로 구분된다고 생각했다. 오늘날, 이런 관점은 상당한 공격을 받고 있다. 단어들은 서술적이면서 가치평가적일 수 있으며 실제로도 그렇기 때문에, 사실과 가치를 구분하는 기준이 흐려진다는 것이다. 그다지 설득력은 없지만, 이것은 실증주의자들처럼 사실과 가치를 구분하는 것이 몇몇 경우에 유지될 수 없는 까닭에 모든 경우에 유지될 수는 없으며, 그렇기 때문에 이런 시도 자체를 거부해야 한다는 주장에서 나온 결론이다. 이런 상황에서 인간의 행위를 과학적으로 설명하겠다고 고집한다면, '경험주의자'나 '고지식한 경험주의자' ― 넌지시 경험주의자들도 경멸하는 ― 로 낙인찍히는 위험을 감수해야 한다.

실증주의와 실증주의적 맑스주의를 공격하는 동시에 경험주의를 공격한다는 것은, 사회과학이라는 개념 자체를 공격하는 것이다. 사회과학이란 개념은 보수적인 부류들 사이에서는 상당한 혐오감의 대상이었고, 일부는 그런 용어를 받아들이기조차 거부했다. 예를 들어, 옥스퍼드대학에서 사회과학은 사회연구라는 좀더 약한 의미로 불렸다. 다른 사람들은 <사회과학 연구위원회>라는 명칭을 기업지향적이라는 느낌을 주는 데 적합하게 <경제·사회 연구위원회>로 바꾸는 데 성공했다(옥스퍼드대학은 13세기에 화학을 가르치던 로저 베이컨이, 건방지다는 이유로 교회 당국에 의해 17년 유폐형을 선고받았던 곳이라는 점을 기억하자. 캠브리지대학이 뉴턴에게 이런 짓을 했다면, 우리는 세계의 모습을 사유하려다 말고 무척 주저했을 것이다).

사람들은 과학의 구성요소들을 둘러싼 매우 제한된 관념에 근거해서 사회과학이란 개념을 철학적으로 반대하는 경향이 있다. 이런 사람들은 과학이 철학자들과 과학자들에게 아마도 별개의 것을 의미하리라는 사실을 충분히 고려하지 않을 게 확실하다. 과학적 방법을 사회에 확대 적용할 때 생기는 첫째 문제는, 생명이 없는 물체나 감각은 있지만 비이성적인 존재가 아니라,

자신들이 처한 조건에 대해 소통하고 추론할 수 있는 능력을 지닌 개인들이 사회를 구성하고 있다는 점이다. 이것은 두 개의 결론으로 연결되는데, 그 어느 것도 보기보다 그럴 듯한 근거를 갖고 있지는 못하다.

인간은 이성적인 존재기 때문에 비합리적으로도 행동할 수 있으며, 그렇기 때문에 인간의 행위를 결코 완전히 예측할 수 없다는 것이 첫째 추론이다. 어쩌면 이것은 진실일지 모르지만, 적어도 이 사실에서 도출된 결론은 근거가 빈약하다. (자연과학의 이념형이나 다름없는) 물리학 같은 '엄밀한hard' 과학들이 물리적 세계에서 일어나는 예측 가능한 사건들을 엄밀하게 다룬다는 말은 옳다. 물리 실험은 이론상 끊임없이 반복될 수 있으며, 늘 똑같은 결과가 나올 것이다. 사회과학에서는 이런 일이 확실히 일어나지 않으며, 결코 일어날 것 같지도 않다. 하지만 최근 들어, 전혀 예상치 못한 방면에서 문제를 푸는 데 도움이 되는 일이 발생하고 있다. 사회학과 정치학이 좀더 엄밀해졌다기보다는, 물리학이 점차 유연해지고 있는 것이다. 하이젠베르크의 불확정성의 원리에 따르면, 아원자 수준에서는 미래의 행위를 확실히 예측할 수 없다고 한다. 이런 불확정성은 우주의 구조 자체 내에 존재하는 듯하다. 현실에서는 불확정성이 전혀 문제되지 않는다. 우리에게 의미 있는 수준에서라면, 전통적인 예측적 성격의 언급들은 아직도 유효하다. 즉, 스위치를 켜면 발전기가 돌아가고, 전등이 빛나며, 원두커피도 내릴 수 있을 것이다.

둘째 추론은, 사회 자체가 이론화의 결과에 영향을 받는다면 사회를 이론화한다는 것 자체가 결코 가치중립적일 수 없다는 것이다. 예측 불가능성을 증명하려 했던 포퍼처럼(Popper 1957, ix ~ x), 이런 비판은 일시적인 오류에 기초하고 있다. 분석 과정 자체를 왜곡하는 방식으로 이론화의 결과가 분석되는 자료에 영향을 미칠 수 있다면, 가치중립성도 영향을 받을 수밖에 없을 것이다. 하지만, 정의상 이론화의 결과가 사후적으로만 알려질 수 있는 까닭에, 이런 일이 발생하지 않을 수도 있다. 이론적으로 는 가능할지 몰라도, 미래의 행위자가 이미 존재하고 있는 이론 적 지식 전체를 충분히 알게 되는 상황은 거의 불가능할 것 같다.

좀더 설득력 있는 반대 이유는, 사회 이론화 작업이 전문가들의 영역만은 아니라는 점이다. 우리는 모두 우리 자신의 관찰에 근거해 사회를 이론화하며, 사람들이 어떻게 행동할 것인지 가설을 세운다 ─ 사실상, 우리가 '사회화'라고 지칭하는 과정이 바로 이런 것이다. 그렇다면, 어떻게 세계를 객관적으로 볼 수 있을까? 대답은 간단하다. 다른 사람에게 물어보면 된다. 더 많은 사람들에게 물어 볼수록, 우리의 세계관은 좀더 가치중립성에 가까워질 수 있을 것이다. 결코 가치중립성에 도달할 수 없을 지라도 우리는 최소한 근사치를 활용할 수는 있을 것이며, 객관성에 도달하려고 노력한다는 사실 자체만으로도 가치중립성의 핵심적인 중요성이 우리의 이해 과정에서 강화될 게 확실하다.

윈치(Winch 1958)나 매킨타이어(MacIntyre 1983) 같은 철학자들의 주장이 상당히 설득력 있긴 했지만, 그렇다고 사람들이 사회과학을 아주 효과적으로 공격할 수 있었던 것은 아니다. 오히려 '과학'이라는 개념 자체가 공격받고 있는데, 그 중에서도 쿤(Kuhn 1970)의 공격이 가장 주목할 만하다. 사회과학이라는 개념 자체를 신뢰하지 않는 사람들, 이 개념의 발전이 묵인된다면 소수에 불과한 사람들이 나머지 사람들을 조작할 수 있게 될 것이라고 염려하는 사람들은 쿤의 공격을 열렬히 지지했다. 당시 과학자들은 자신들이 하고 있다고 생각한 것을 하지 않고 있다고 생각했다(비록 과학자가 아닌 사람들이 그렇게 생각했지만 말이다). 과학자들은 관찰, 실험, 추론에 근거해 물리적 세계를 가치 중립적으로 사유할 수 있는 개념 도구들을 확립하려 하지도 않고, 그렇게 할 수도 없다고 주장한다. 특히, 과학자들을 비판하는 사람들은 '과학'의 구성요소 자체가 사회적으로 결정된다고 주장한다. 과학자들은 그저 자신들이 좋아하는 것만을 연구하지는 않는다. 과학자들은 무엇이 사회적으로 유용한지를 결정하는 틀 안에서 작업하는데, 기업이나 정부가 자신들의 오류를 증명하라고 전문가들에게 돈을 대주지는 않거니와, 과학자들도 의도적으로 그렇게 하지 않으려고 한다. 따라서 과학자들이 연구 대상으로 선택한 것, 또는 과학자들에게 연구하라고 장려된 것에는 특정한 가치가 개재되어 있다.

스스로 생각하고 싶어하는 것과는 달리, 과학자들의 연구 과정은 불편부당하지도 신뢰할 만하지도 않다. 실험 기법을 적용하기에 합당한 연구에서조차 과학자들은 무슨 명제가 옳다는 것을 증명할 수 없으며, 다만 무슨 명제가 틀렸다는 것만을 보여줄 수 있다. 게다가, '맞다'와 '틀렸다'는 개념도 과학자들이 결정할 수 없다. 쿤의 주장에 따르면, 과학자들은 일반적으로 인정받은 개념적 틀 내에서, 그리고 쿤이 '패러다임'이라고 명명한 과학적 기획 내에서 연구를 수행한다. 따라서 과학자들은 쿤이 '정상과학normal science'(Kuhn 1970, 10)이라고 부른 것, 즉 사회적으로 유용하면서도 지배적인 사유체계에는 도전하지 않으리라고 여겨지는 일련의 상황 속에서 반복되는 표준화된 과정을, 당대의 지배적인 패러다임 내에서 실천할 뿐이다. 정설에 도전하는 것처럼 보이는 새로운 증거들이 축적되어도, 과학자들은 예전의 정설을 기각하지 않는다. 그 대신에, 갖은 고심을 다해 되지도 않는 핑계를 둘러대는 한이 있더라도 새로운 증거들을 기존 패러다임에 맞추기 위해 노력한다.

천체가 실제로 운동하는 과정을 보여 준 티코 브라에[1]와 요하네스 케플러[2]의 관찰이 천체의 중심에 지구가 놓여 있다고 설명한 프톨레마이오스의 우주와 일치하지 않는 이유를 설명하기 위해, 정교한 주전원周轉圓 체계를 고안하려 했던 것이 좋은 사례다. 이 경우처럼, 타협이 궁극적으로 실패할 때에만 비로소 새로운 패러다임이 받아들여지며, '패러다임의 변동'이 일어난다. 그렇기 때문에 과학자들도 정치가들과 그리 다르지 않다. 현실이 가설에 들어맞지 않는다는 관찰 결과가 꾸준히 늘어나 엄청나게 축적되지 않는 한, 지배적인 패러다임(가령, 냉전)을 결코 거부할 수 없다는 것을 정치가들도 알고 있다(Shafer 1988).

이런 관점은 사회적 실체와 언어의 관계에 대해 우리가 이미 언급했던 부분과 상당히 일치한다. 연구자의 마음 속에 어떤 패

---

1. [옮긴이] Tycho Brahe(1546~1601). 덴마크의 천문학자. 1576년, 우라니엔보리 천문대를 세워 항성과 행성의 위치 관측에 전념했다. 지구의 공전을 증명하는 방법으로 항성의 연주시차年周視差를 측정하려 했으나 실패했고, 이것 때문에 코페르니쿠스이 지동설을 부정했다. 저서로『신성De Nova Stella』(1573) 등이 있다.

2. [옮긴이] Johannes Kepler(1571~1630). 독일의 천문학자. 행성운동 제1법칙인 '타원궤도의 법칙'과 제2법칙인 '면적·속도 일정의 법칙'을 발표한 뒤, 행성의 공전주기와 공전궤도 반지름의 관계를 설명한 행성운동 제3법칙을 완성해 코페르니쿠스의 지동설을 발전시켰다. 저서로『우주의 조화De Harmonices Mundi』(1619) 등이 있다.

러다임 모델이 존재한다는 것은, 연구자가 이 패러다임에 특유한 언어로 자신의 연구를 표현할 수밖에 없으리라는 사실을 말해 준다. 전기를 예로 들어 보자면, 최초에 사람들은 전기를 '유체' 개념으로 규정했다. 물이 파이프를 통해 흐르듯 전기도 전선을 따라 흐른다는 것이었다. 전기 전문가들이라면, 이것은 별로 쓸모 있는 비유도 아니고 확실한 오해라고 말할 것이다.

분명히, 사회적 실체는 언어뿐만 아니라 상징적 차원도 포함한다. 언어는 상징으로 구조화되기 때문에 상징들로 구성된다. 정치학의 언어는 중립적인 매개물이 아니라, 특정한 방향으로 사고를 이끌어 가는 사유와 의미들의 구조다. 정치의 핵심은 자원을 배분하는 과정에서 일어나는 논쟁을 조정하고 권력을 행사하는 것이다.

따라서 정치적 주장은 누가 옳은지를 확정하는 것뿐만 아니라, 누가, 언제, 무엇을, 어떻게 얻느냐를 확정하는 것이기도 하다. 언어 일반이 인간의 사상을 드러내는 매개물이라는 주장은 일반적으로 옳지 않을 수도 있지만, 정치학의 언어에 관한 한 확실히 옳다. 정치학의 핵심 용어들은 대부분 본질상 논쟁적인 개념이다. 즉, 이 용어들의 '진정한' 의미를 각기 다른 개인들이 매우 다르게 해석할 수 있기 때문에 이 용어들이 중요해진다는 것이다. 용어들의 의미를 둘러싼 논쟁들이야말로 이 용어들이 개념으로서 갖는 핵심 가치이며, 그렇기 때문에 그 용어들은 불확정적일 수밖에 없다.

그래서 과학자들은 동의를 추구하는 반면, 정치가들은 견해의 불일치를 감추려고 노력하는 것이다. 대다수 사람들도 동의하겠지만 '혁명'이란 개념이야말로 이 사실을 입증하는 훌륭한 사례인데, 이 용어는 혁명을 위해 일하는 자들과 혁명에 반대해 일하는 자들에게 항상 각기 다른 의미를 지녔기 때문이다.

따라서 이런 개념들의 가치는 사실상 어떤 개인이나 사회집단이 자신들의 견해를 어떤 식으로 구축하려고 하는가에 따라 결정된다. 이런 개념들이 불확정적이라거나 논쟁적이라고 해서 확정적이거나 논쟁의 여지가 없는 개념이 존재할 수 없다는 말은 물론 아니다. 과학과 비교해 보면 잘 알 수 있다. 한때에는 과학 분야에서도 규정된 개념이 없던 적이 있으며, 물리적 과정을 묘사하는 단어들에 매우 엄격한 의미를 부여하고서야 전문 용어들이 만들어질 수 있었다. 과학의 진보는 고정된 채 변경할 수 없는 정의를 개념에 부여하는 과정의 역사였다. 따라서 사회과학자들도 모든 이들이 동의할 수 있는 의미를 개념에 부여하려고 했고, <세계정치학회(IPSA)>도 이 작업을 시작했다(아쉽지만, 아직도 끝나지 않았다). 그런 인위적인 용어 가운데 하나를 들자면, 앞서 언급했듯이, 의도하지 않은 특정한 가치를 함축하지 않기 위해 고안된 '내전'이란 용어가 있겠다.

'혁명'과 '반혁명'처럼 이미 존재하는 용어의 '의미'를 둘러싼 갈등은 해소될 수 있는 논쟁(실증주의 관점)도 아니고, 전적으로 불확정적이기 때문에 결코 해소될 수 없는 논쟁(탈경험주의 관점)인 것도 아니다. 사실상, 탈경험주의 관점은 철학적 정교함을 보여주기는커녕 계몽주의의 시대를 거슬러 올라가 빈약하고 소모적인 신학적 논쟁의 시대, 즉 고중세기의 문화정체 상태로 우리를 끌고 갈 것이다. 이 관점을 수용한다면, 우리는 이성이 아니라 신앙을 지침으로 삼아야 한다. 철학 비평가가 보기에 과학적 지식의 기반이 제 아무리 만족스럽지 않을지라도, 과학적 지식은 사실에 근거한다. 인간은 엄밀한 기하학적 확실성의 결과물인 과학이 일련의 근사치를 산출하는 데 적절하며 유용하다는 점을 발견하고 이것을 실제에 적용한 덕분에 자연철학의 도움을 받아 달에 갈 수 있었던 것이다.

과학은 실험 없이 존재할 수 없다고 믿는 사람들은 마지못해 이 사실을 인정하겠지만, 천문학과 기상학(거리와 규모로 인해), 그리고 의학(윤리적 이유로 인해)의 상당 부분은 가설 설정과 실험이라는 고전적 형태를 통해서는 접근할 수 없다. 이 영역들은 과학적 이해와 (따라서) 일상생활에 모두 본질적으로 중요한 것들이다. 만약 이 영역들을 '엄밀한' 과학이 아니라는 이유로 포기한다면, 우리는 우리가 살고 있는 우주에 대해 근본적으로 물어볼 기회를 포기해야만 할 것이며, 별로 중요하지도 않은 문제만 다루게 될 것이라고 비난받아 마땅할 것이다. 확실히 사회과학에도 동일한 비판이 적용될 수 있다. 인류를 다루는 데 있어 가장 적절한 주제는 인간이다. 그리고 우리가 개연성밖에 말할 수 없을지라도, 최소한 그 개연성이 특정한 상황에서는 어떤 사태를 정확하게 예측할 수 있도록 해 주며, 우리는 이런 개연성에 입각해 어떤 근거를 만들어 낼 수 있다.

그렇지만 인간은 구성하는 존재인 까닭에, 전기와 물이 다르듯이, 사회가 그 자체에 고유한 역동성, 즉 자연 세계와 다른 역동성을 갖고 있다는 점에 동의—심지어 단언 — 해야만 할 것이다. 가령, 잘 알다시피 정치학은 희소한 자원을 배분할 권위를 가진 사람을 결정하는 방식 중 하나다. 그러나 (종교와 스포츠처럼) 정치는 시간을 구조화하고 삶에 의미를 부여하는 방법이기도 하다. 이런 구조화의 결과 사회에 질서가 세워지기 때문에,

그 사회적 세계 속에 존재하는 가능성들이 무한할 수 없는 것이다. 개인에게 사회를 이해한다는 것은 자신들이 상당히 제한된 임무만이 주어진다는 점을 이해하는 것을 의미한다.

가령, 한 끼 식사의 사회적 의미는 순전히 음식물을 섭취한다는 데 있지 않다. 식사는 가족간의 유대나 갈등의 표현일 수도 있고, 기쁨이나 슬픔의 표현일 수도 있다. 그러나 대개 식사를 한다고 하면 이것은 기본적으로 뭔가를 먹는다는 말이며, 그런 행위를 하는 동안 우리는 우리에게 완벽하게 이식되어 본능적인 것이 되어버린 특정한 방식이나 관례를 따르게 된다.

이런 식으로 식사는 정치와 연관된다. 이론적으로는 매우 많은 것들을 다룰 수 있지만, 우리의 목적을 달성하려면 무엇보다도 상당수 사안들이 이론적으로 다뤄질 수 없다는 점을 먼저 배워야 한다. 물론, 각 개인들은 홀로 존재하지 않는다는 사실이 문제를 더욱 복잡하게 만든다. 예를 들어, 무언가를 간청하는 사람은 무언가를 주는 사람을 전제로 하는데, 이렇게 어떤 기능을 맡은 사람이 비슷하게 또 다른 기능을 맡은 사람을 발견하게 될 것이라는 사실이야말로 사회의 본질인 것이다. 이 사람들 각자는 서로 마주치기 전에 이미 사회적으로 학습된 기능을 수행한다. 이런 점에서 사회적인 마주침에 내재된 무한한 (또한, 무한히 위험한) 가능성은 안전하게 예측할 수 있는 양상으로 통제되며, 그렇기 때문에 현실에서는 음식을 청하면 뭔가 먹을 걸 얻을 수 있다는 사실을 탈경험주의자들은 깨닫게 될 것이다. 마찬가지로 탈경험주의자들은 어떤 사람에게 길을 물어보려고 할 경우, 상대방은 당신이 가고자 하는 목적지를 사회적으로 결정된 길의 개념에 따라 가르쳐 주는 것이 아니라 자기 맘이 내키는 대로 가르쳐 줄 텐데 왜 쓸데없이 그런 걸 물어보느냐는 말을 듣지 않아도 된다는 사실을 깨닫게 될 것이다!

정치는 저마다 정확히 정해진 기능을 수행하는 사람들간에 빚어진 갈등을 해결하는 형식이다. 그렇기 때문에 정치는 한 편의 드라마다. 모든 정치적 사건들, 특히 혁명은 사회라는 무대 위에서 벌어지는 극적인 공연인 셈이다. 정치적 사건들에서는 수많은 목적을 달성하기 위해 상징적 전략들이 의식적으로 사용된다. 대중들이 주식시장은 (사실은 그렇지 않은데) 반드시 호황을 맞게 되리라고 확신하고 신뢰하는 것처럼 연대감을 창출하고, 전개 과정에 의미를 부여하며, 감정을 불러일으키고, 타인들의 행동을 부추기며, 이미 의식儀式화된 상투어를 써서라도 모호한 태도를 고취하려고 하는 것 등이 그런 예들이다.

모든 사회현상 중에서 혁명이야말로 가장 극적인 것이라고 널리 알려져 있다. 7년전쟁에서 패배하고 미국 독립전쟁에서 불명예스런 행동을 한 직후, 계몽전제정이 제시한 근대화라는 도전을 프랑스가 과연 감당할 수 있을지 유럽의 여러 나라들이 의심하고 있을 때, 프랑스를 세계라는 무대의 중심에 서게 했다는 점에서 프랑스혁명은 특히 중요하다. 신고전주의 정신을 지닌 지식인들이 프랑스혁명을 고취했고, 고대 로마의 신화와 역사에서 배운 소임을 맡은 사람들이 이 혁명을 이끌고 나아갔다. 프랑스인들은 혁명을 세계사의 전환점으로 만들고자 했으며, 실제로 그렇게 됐다. 혁명의 사건과 과정이 과연 정당했는가를 둘러싸고 논쟁이 벌어지긴 했지만, 실체가 모호할수록 신화는 더욱 강력해지기 마련이다. 프랑스에서는 프랑스혁명으로 강력한 독재정치가 등장했고, 나폴레옹전쟁으로 수많은 젊은이들이 죽어갔다. 그러나 이런 일들은 프랑스에 영광을 안겨 주었다. 『펭 권 섬Penguin Island』으로 프랑스의 역사를 풍자한 아나톨 프랑스3 가 어느 등장인물의 입을 빌어 말했듯이, "그 무슨 희생일지라도 영광보다 값진 것은 없다"(France 1930, 144).

위대한 혁명은 끊임없이 위대한 혁명가들에게 무대를 만들어 준다. 새로운 형태의 민주주의 사상이 거리와 광장에 넘쳐흐르 고 있지만, 오늘날에도 레닌과 마오쩌둥은 무덤에 영구 보존되 어 있다. 어디에도 어울리지 않는 허름한 군복을 입은 비대한 60대의 노인이 되어, 한때 미국을 향한 우월감을 드러내던 저 유명한 시가를 피지도 못하게 됐지만, 오늘날에도 카스트로는 여전히 시에라 마에스트라의 젊은 사령관이다. 시인이자 니카라 과 대통령이었던 다니엘 오르테가4는 독자적인 민주주의의 길 을 걸어가려는 불행한 조국에 미국 정부를 연이어 끌어들일 수 밖에 없게 만든 경제적 혼란과 씨름했다. 나세르5는 사망 직후 불멸의 존재가 됐으며, 포르투갈혁명을 이끈 급진적 지도자들은 오랫동안 감옥에 갇혀 있을 수밖에 없었다.

---

3. [옮긴이] Anatole France(1844~1924). 프랑스의 소설가. 그리스·로마 고전과 몽테뉴, 볼테르의 영향을 받아 당대 사회와 인간들을 신랄하게 풍자하는 글을 즐겨 썼다. '드레퓌스 사건'에서 드레퓌스를 옹호하기도 한 프랑스는, 1921년 에 노벨문학상을 받았다. 주요 작품으로 『실베스트르 보나르의 죄Le Crime de Sylvestre Bonnard』(1881) 등이 있다.

4. [옮긴이] Daniel Ortega Saavedra(1945~). 니카라과의 정치가. 1979년에 소모사 독재를 무너트린 뒤, 1985년에 대통령으로 선출됐다. 1990년 대통령 선거에서 패한 뒤에도 여전히 산디니스타 민족해방전선(FSLN)의 지도자로 남아 있다.

5. [옮긴이] Gamal Abdel Nasser(1918~1970). 이집트의 정치가. 1952년 7월 23일 군사 쿠데타를 일으킨 뒤, 1956년에 대통령에 선출됐다. 같은 해 7월, 수에즈 운하 국유화를 기점으로 아프리카 대륙의 지도자로 떠올랐으나, 1970년에 심장마비로 죽었다.

다른 한편, 테헤란에서는 아야툴라 호메이니의 죽음이 열광적인 애도의 상징으로 되었다. 영구차에 가까이 다가가려고 돌진하다가 여덟 명이 죽고 수백 명이 다친 것이다. 서구 대중매체들은 금세기에 세계가 엄연한 사실이라고 믿었던 생각을 호메이니만큼 바꿔 놓은 사람도 없었을 것이라며 환호를 보냈다. 어떤 라디오 기자는 호메이니를 히틀러, 아타튀르크,6 나세르, 다비드 벤구리온7에 비유했다. 오늘날 서구에 만연한 문화적 상대주의를 감안하더라도, 이것보다 더 놀랄 만하고 더 혼란스러운 비유도 없을 것이다. 아타튀르크, 나세르, 벤구리온은 매우 다른 인물들이라 이 사람들 중 아무도 쉽게 다룰 수 없다.

물론, 이 인물들은 발명됐다기보다는 미국혁명과 프랑스혁명에서 확실한 동력을 부여받은 인간 진보의 이상을 믿었던 진정으로 혁명적인 지도자들이었다. 이 진보라는 개념이야말로 지난 2백 년 동안 전세계에서 혁명이라는 개념이 그토록 중요했던 이유를 보여준다.

미국혁명이 있은 지 50년 뒤, 제퍼슨은 임종을 하루 앞두고 마지막으로 자신이 이끌었던 혁명에 대한 견해를 신중하게 피력했다. 제퍼슨은 무엇이 진보를 구성하고 무엇이 그렇지 않은지를 제법 자세히 밝혀 놓은 글을 우리들에게 남겼다.

---

6. [옮긴이] Mustafa Kemal Atatürk(1881~1938). 터키의 정치가. 1923년 앙카라를 수도로 공화제를 선포해 초대 대통령에 취임했다. 아타튀르크는 '터키의 아버지'를 뜻하는 별칭이다.

7. [옮긴이] David Ben-Gurion(1886~1973). 이스라엘의 정치가. 1935년에 국제 시오니즘의 최고 기구인 <시오니즘 집행위원회> 위원장이 됐고, 1948년에는 이스라엘 공화국 성립과 함께 초대 총리가 됐다.

곧 그렇게 되리라 믿지만, 이 혁명은 수도사들이나 지닐 법한 무지와 미신 때문에 자기 자신을 옭아맸던 사슬을 끊고, 인류가 자치라는 축복과 보호를 확보하게 될 것임을 알리는 신호를 전세계에 보내줄 것이다. 우리는 자유와 의견을 마음껏 행사할 수 있는 권리를 복권시킨 형태의 사회를 만들었다. 모든 사람들이 인간의 권리에 주목하고 있고, 주목하려고 한다. 대다수 인류는 과학의 광명이 널리 퍼진 결과, 모든 점에서 신의 은총에 의해 선택받았다는 소수가 합법적으로 자신들의 등에 올라 타 박차로 자신들을 다그칠 수는 없으며, 결코 자신들이 무거운 짐을 진 채 태어나지 않았다는 것을 알려 주는 진리의 힘을 볼 수 있게 됐다(Butterfield 1959. 재인용).

이런 기준에서 보자면, 1979년의 이란혁명으로 생겨난 체제 아래서 사람들이 단 한 명의 전제적인 종교 지도자에게 자신들이 어렵게 획득한 자유를 순순히 넘겨줬다는 사실은, 남성에게는 물론이거니와 특히 여성들에게는 크나큰 퇴보였다. 호메이니의 전제정은 국제법의 기초는 물론, 지난 4세기 동안의 민족간 전쟁을 통해 정해진 공정한 대우의 원칙을 파괴하려 했으며, 인간의 진보가 종말을 고할 것을 요구하는 격렬한 시아파 원리주의의 목소리로 이 원칙을 대체했다(Popper 1962, II, ch. 24). 제퍼슨이 현명하게 예측한 것처럼, 우리는 그런 이념이 결국 오래가지는 못하리라고 기꺼이 확신힐 수 있다. 어쨌거나 이란혁명이 실제로 진정한 혁명이었다면, 이런 개념은 어쩔 수 없이 거부됐을 것이다.

사실, 어떻게 보면 이란혁명은 진정한 혁명이었는데, 지나치게 세속화되어 있던 탓에 서구 사회로서는 전통적 종교가 그토록 강력한 힘을 발휘할 수 있다는 것을 미처 몰랐을 수도 있다. 다른 식으로 보자면, 이란혁명은 반혁명이기도 하다. 좌우간, 우리는 진보라는 개념의 틀에서만 이 용어들을 구분할 수 있다. 혁명과 반혁명 사이에 방법상의 차이는 존재하지 않는다. 국가의 현 상태에 대해 갖고 있던 환상이 깨지는 과정이나 권력을 장악하는 방법은 동일하다. 다만 그 뒤에 일어나는 일만이 다를 뿐이었다. 게다가 그 일도 아주 다르지는 않다. 예를 들어, 영국의 수평파들[8]은 영국이 노르만에게 속박 받지 않던 과거를 이상적인 시대로 회고했다. 루소의 사도들은 인간은 자유롭게 태어났으며, 왕정 체제는 일종의 탈선을 의미한다고 믿었다. 볼셰비키들은 표트르 대제의 발트 해 기지를 외면하고 수도를 모스크바로 다시 옮겼다.[9] 되풀이되는 일이지만 거대한 사회적·정치적 변동의 순간이 오면 사람들은 자신들이 되돌아가야 하는 이상화된 과거를 미래의 상으로 떠올리는 듯싶다. 이렇게 본다면, 여성들을 누에고치 마냥 차도르 속에 웅크리게 만들고 신성 모독자들과 동성애자들에게 죽음을 선고하는 식으로, 아야툴라의 이란 역시 동화 속에나 나올 법한 나라로 되돌아 간 것이다. 역사에

---

8. [옮긴이] '수평파The Levellers'는 청교도 혁명(1640~1660년) 당시의 의회파 내에 존재했던 급진파를 말한다. 1645년부터 존 릴번(John Lilburne, 1614~1657) 등의 지도 아래 활동했던 수평파는 주로 소부르주아지의 이익을 대변했다. 의회의 주권과 인권 옹호 등을 골자로 한 '인민협정'이라는 민주주의적 헌법 초안을 발표하는 등 영국의 민주화에 크게 공헌했다. 1649년 아일랜드 파병에 반대해 반란을 일으켰으나 곧바로 진압됐고, 그 뒤 급격히 쇠퇴했다.

9. [옮긴이] 1703년, 러시아 절대주의 왕정을 확립했던 표트르 대제(16729~1725)는 네바 하구의 삼각주에 새 수도 상트페테르부르크(표트르의 도시라는 뜻)를 건설했다. 표트르 대제는 이곳을 '유럽으로 나아가는 창구'이자 발트 해 지배권을 장악하기 위한 기지로 삼았는데, 러시아혁명 때까지 러시아의 수도였다.

따르면, 사막에 갇힌 약한 부족이었을 때 이슬람이 바로 이런 식으로 살았다. 그 세력이 최고조에 달해 이슬람이 세계의 종교가 되고, 이슬람 군대의 떠들썩한 소리가 사람들을 벌벌 떨게 만들었을 때, 칼리프들은 후궁들과 내시들에 둘러싸여 사치스런 환락에 빠져 있었다.

혁명의 분석

우리가 살펴본 것처럼, 어느 한 혁명을 바라보는 수많은 상이한 관점들은 무엇이든 '옳다'고 할 수 있는데, 그 까닭은 그런 관점들이 다른 관점을 표현할 뿐이지 상이한 현실을 표현하는 건 아니기 때문이다. 프랑스혁명기 동안 무슨 일이 발생했건, 프랑스혁명은 어느 한 사람이 단번에 모든 것을 이해하기에는 너무 커다란 사건이다. 따라서 프랑스혁명의 실상은 불가피하게 선택적으로만 그려질 수밖에 없다. 하지만, 어떤 선택을 했다고 해서 그 모습이 곧바로 분석이 되는 것은 아니다. 우리가 '분석'이라고 할 때 그것은 매우 특정한 무엇인가를 의미한다. 무엇보다도 사건의 전체 양상이 좀더 작은 부분으로 분해되고 각각 세세히 검토되어야 한다. 일단 이런 작업이 수행되고 이 과정의 매 단계에서 일어나는 행위의 본질을 지배하는 일반적 원리들이 성립되면, 우리는 이 원리들을 현실에 대한 종합적인 모델로 다시 묶어내야 한다.

따라서 이제 제기되는 둘째 문제는 이런 작업이 전혀 수행되지 않았다는 것이 아니라, 말해지지 않거나 씌어지지 않은 수많은 가정들을 무의식적으로 세워 놓은 채 전체 과정을 살펴봄으로써, 작업 도중에 현실과 어긋난다거나 최악의 경우 현실을 완전히 오도하는 결과를 가져올 수 있다는 점이다. 우리가 사회적으로 매우 중요하다고 널리 인정받는 혁명이라는 현상을 다루고 있다는 점과, 혁명이 대다수 연구자들에게 하나의 현상으로서 갖는 중요성은 그 총체성에 있다는 점만을 제외한다면, 이 문제는 그다지 중요하지 않다. 그렇기 때문에 우리가 재차 깨닫게 되는 점은, 자신들이 다른 사회현상을 다룰 때 흔히 사용하는 비판적인 방법들을, 혁명을 다루는 필자들이 혁명이란 주제에는 전혀 적용하려 들지 않거나 적용하지 못한다는 사실이다.

따라서 사회사상은 아주 최근에야 혁명을 하나의 현상으로서 체계적으로 분석하는 발전을 이룩했는데, 정치 분석가들이 기존에 갖고 있던 지식으로 기업계를 돕고 있던 바로 그 시점에, 실증주의에서 후퇴한 것이 모종의 진전을 가져왔다는 사실은 확실히 역설적이다. 개개의 혁명을 구성하는 단계를 세부적으로 분석하려고 했던 초기 연구자들 중에서 특히 중요한 인물들은, 프랑스혁명을 다룬 알렉시스 토크빌(1966)과 러시아혁명을 다룬 피트림 A. 소로킨(1925)이다. 이 둘은 후세의 역사가들처럼, 혁명을 구성하는 사건들이 아니라 혁명의 원인과 결과에 초점을 두곤 했다. 하지만 후세의 역사가들과는 달리, 이 두 사람은 혁명과 관련해서 다른 나라의 다른 상황에도 들어맞는 일반적인 교훈을 끌어내고자 노력했다.

러시아혁명과 그 이전의 혁명을 비교하는 작업이 있기도 했는데, 이 작업이 처음으로 혁명에 대한 비교 연구를 자극했다. 바로 여기에서, 경향적으로 뒤에 나올 모든 저작을 대부분 특징

짓는 두 개의 가정이 급속도로 뚜렷이 나타났다. 그 중 하나는 혁명이란 기본적으로 행위가 아니라 이념에 관한 것 — 또는 그런 것이어야만 한다 — 이라는 가정이다. 주요한 학문적 조류도 진정한 혁명이 무엇인가를 다뤘다. 다른 사건들은 이처럼 중요하게 다뤄지지 않았다. 다른 비슷한 현상들을 모조리 배제한 채, 혁명사가들은 자신들과 우리의 주의를 오로지 위대한 사회혁명에만 맞추게끔 하는 경향을 보였다. 프랑스혁명은 적어도 수십 개의 서고를 가득 채울 만큼 많은 저서들 — 학문적으로 인정받은 것만 꼽아도 — 을 만들어 냈으며, 그 저서들만 다루는 전문 학술지도 생겼다. 영국의 내전, 미국 독립전쟁 그리고 러시아혁명도 이와 비슷한 대접을 받아 왔다. 이와는 대조적으로, 이런 혁명들과 달리 이념이 매우 상이한 (어떤 사람들에게는 별로 중요하지 않은) 기능을 수행했던 멕시코혁명의 경우에는, 이런 작업을 주로 멕시코 바깥의 미국 출신 지역 전문가들이 맡아 왔다. 쿠바혁명 동안 실제로 무슨 일이 일어났는지를 이해한다면 우리는 예상치 못한 일이지만 권력의 실체를 예리하게 파악할 수 있을 뿐만 아니라, 1961년 이후에 무슨 일들이 발생했는지도 설명할 수 있다. 그러나 바로 이런 이유 때문에, 아주 최근의 사례일 뿐만 아니라 주요 목격자 대부분이 생존해 있으며, 전세계 매스컴이 유례없을 정도로 샅샅이 조사했는데도 불구하고, 쿠바혁명은 매우 논쟁적인 연구 분야로 남아 있다. 쿠바인들과 미국인들은 서로 다른 신화를 선전하고 있다. 마찬가지로, 베트남과 이란, 니카라과와 아프가니스탄에서 발생한 사건들도 역사적인 정확성을 기하기 위해서라기보다는 국제정치의 무대에서 대화의 소재로나 언급되고 있을 뿐, 사회과학 이론에

서는 귀머거리들의 대화에나 쓰이는 정치적 구호보다도 덜 발전
해 있다.

　사실상 영국, 프랑스, 미국, 그리고 러시아에서 발생한 과거의
혁명들을 연구하는 데에 모든 노력이 집중되자 이상한 가정이
또 하나 등장했다. 즉, 거의 동시에 발생해 전세계적 차원에서
주요한 변화를 이끌었던 이 위대한 혁명들은 너무나 특별하기
때문에, 무슨 이론일지라도 이 혁명들에 기초하지 않는 한 일반
적인 사회이론의 틀에 포함될 수도 없고, 그래서도 안 된다는
가정이다. 페티는 이 가정을 간략히 설명하고 있다.

　　나는 사소한 혁명들에 대해서는 별로 언급하지 않았다. 위대한
　　혁명들에서 맥베스가 던컨 국왕을 살해한 것과 같은 궁정혁명에
　　이르기까지, 등급대로 각 사례들을 빠짐없이 쭉 나열할 수도 있
　　을 것이다. 그러나 거대한 혁명만이 우리에게 모든 요소들의 중
　　요성을 측정할 수 있는 기회를 제공한다. 어떤 부분적인 혁명에
　　서라면, 사회 체제 내의 잠재적 요인들이 중요하지만 확인할 수
　　는 없는 기능을 어느 정도 수행할 수도 있을 것이다. 공황이나
　　인플레이션이 경제체제를 해체하듯이, 다양한 위기 속에서 사회
　　를 유지하는 몇몇 중추를 해체할 수도 있다. 하지만, 거대한 혁명
　　만이 사회의 모든 중추를 해체한다. 따라서 오로지 거대한 혁명
　　만이 사회 내의 모든 세력을 똑같이 드러내 보여줌으로써 사회를
　　완전히 해체하는 것이다. 그렇기 때문에, 총체적 혁명에 입각한
　　이론에 근거해야만 부분적인 혁명을 적절히 이해할 수 있을 것
　　같다. 이런 이론만이 조직화된 사회에서 혁명이 일어날 수 있도
　　록 해 주는 다양한 세력들의 복합성을 우리에게 완전하게 보여줄
　　수 있기 때문이다(Pettee 1938, xi~xii).

둘째 가정의 본질적인 허위성을 드러내기 위해 이런 관점을 반드시 언급해야만 할 것 같다. 페티가 이렇게 쓴 지 두 세기하고도 50년이 지난 뒤에야, 프랑스혁명이 다시 일어나지 않을 것이란 사실이 분명해졌다. 사실, 가장 중요했던 점은 최근의 사회혁명들간에 존재하는 유사성보다는 차이점이었다. 왜냐 하면 이런 사건들은 느닷없이 일어나 당대의 관찰자들로 하여금 적절한 이론으로 자신들이 관찰하고 있는 사건을 설명할 수 없도록 만들었기 때문이다. 이런 일은 그다지 놀라운 일도 아닌데, 그도 그럴 것이 본질적으로 페티가 권고해준 방식은, 매우 제한된 사례를 기초로 삼아 유비를 통해 복잡한 현상을 추론하는 방식이었기 때문이다. 모든 인간사에 있기 마련인 복잡한 현상을 이해하기 위해서는, 빙빙 돌아가기보다는 좀더 단순한 현상을 먼저 이해한 뒤에 이것을 발전시켜야 된다. 위대한 혁명들이 우리가 사회적·정치적 조직에 대해 지닌 생각들에 가장 철저히 도전하긴 했지만, 사회는 이런 도전을 일상적 재료로 삼아 구성되고 변화한다. 위대한 사회혁명에 포함되지 못하는 다른 역사적 사례들에서 반복될 수 없는 일들이 프랑스혁명 때만 발생한 건 결코 아니다. 따라서 다른 사건들과 마찬가지로 혁명을 하나의 사회현상으로 취급해야 할 것이다.

서로 분리되어 있지만 연관된 봉기와 반-봉기라는 두 현상을 다루는 전문가들 이외에는, 분석적으로 혁명을 다루는 방법이 큰 관심을 끌지는 못했다. 혁명을 일으키고자 했던 사람들은 당연히 교과서를 원했다. 마찬가지로, 혁명을 저지하고 싶어 했던 사람들은 자신들이 저지하려는 혁명이란 것이 무엇인지 알 필요가 있었고, 혁명을 저지할 수 있는 방법에 관해 지침을 얻고자 했다. 이 두 부류의 사람들에게 혁명의 목적은 새로운 정부가 미래 사회의 청사진을 제시할 수 있도록 정치권력의 변화를 꾀하는 것이었다. 따라서 혁명을 해석하는 실마리는 사건 그 자체였다.

연구자들이 혁명을 저지하려는 사람들이나 혁명가들에게는 의지력을 지나치게 강조하는 경향이 있다고 비판한 데에는 확실히 근거가 있다. 혁명이 정말로 웅대한 비인격적 힘이라면, 혁명을 일으킨다거나 혁명을 저지한다는 것은 아무런 의미가 없다. 혁명가들이나 반혁명 전문가들은 카뉴트 왕[10]이 사우샘프턴 해안에서 신하들에게 들려 준 현실적인 교훈을 염두에 두어야 할 것이다. 즉, 왕이라 할지라도 밀려드는 물살을 어찌할 수 없는 것이다.

훌륭한 혁명이론을 탐구하고자 노력해야 할 또 다른 이유도 존재한다. 1987년 10월에 허리케인이 영국 남부 해안을 강타하리라는 사실을 알고 있었음에도 심각한 재산 손실과 50만 그루 상당에 달하는 수목 손실을 예방할 수 없었지만, 그나마 미리 알고 있었기 때문에 어느 정도 피해를 방지할 수 있었으며, 적절한 시기에 피난을 갈 수 있었다는 건 확실하다. 적절하게 대피 경보를 발령하고 일상적으로 대피소를 운영해 대처한 결과, 1988년 카리브 해에서 발생한 허리케인 두 개가 급습했을 당시에는 많은 인명을 구할 수 있었다.

---

10. [옮긴이] King Canute(994~1035). 데인 족의 귀족이었던 카뉴트는 고대 영국의 왕(1017~1035년)으로 재위하면서 덴마크(1019년)와 노르웨이(1028)의 왕도 겸했던 전설적인 인물이다. 역사적으로는, 영국을 침략한 바이킹족을 세 차례나 저지(1017년, 1026년, 1028년)한 것으로 유명하다.

따라서 우리는 굿스피드가 '준비,' '행동,' '공고화'로 명명한 혁명의 세 단계를 구분하면서 논의를 시작할 수 있다(Goodspeed 1962). 준비는 주요 집단들이나 대중들이 기존의 집권 정부 그리고/또는 체제를 더는 지지하지 않고 권력이 강제적으로 다른 집단에게 이전되는 것을 받아들이게 되는, 이미 이 책에서 혁명의 과정으로 언급된 것을 지칭한다. 행동은 사건 자체를 지칭하는데, 무력을 사용하거나 무력을 사용하겠다는 위협을 믿게 만들어, 기존 정부가 붕괴하고 새로운 정권이 권력을 장악하게 되는 단계다. 공고화는 권력 변동에 뒤이은 단계를 가리킨다. 이때 새로운 정부는 스스로 자신의 위치를 안전하게 하고, 사회질서를 바꾸기 위해 고안한 프로그램을 실시한다. 혁명이 얼마나 애초의 계획대로 진행됐느냐와 상관없이, 이 세 단계는 분석적으로 타당하다. 이 단계들은 아이티의 군부 쿠데타나 프랑스혁명에도 상당 부분 적용될 수 있다. 다만 차이가 있다면 그것은 단계의 순서가 아니라, 후속 정부 또는 정부들의 성격이나 후속 정부가 실시한 사회 프로그램의 성격에서 비롯된다. 혁명 프로그램들은 사회 내 세력과 의지력의 산물이다. 그리고 이 점은 혁명들을 예측하기가 그토록 힘든 이유를 설명해 준다.

혁명의 사회적 전제 조건

혁명의 사회적 전제 조건이란 지도자, 추종자, 그리고 혁명을 달성하기 위해 폭력을 사용할 수 있게 된 원인과 물질적 기반이 모두 등장하는(또는, 그런 일이 허용된) 상황이다. 이런 요소들은 모든 혁명에 공통적인데, 비록 혁명을 순수한 역사적 맥락에서 설명한다는 것이 전혀 분석적 가치를 지니지 못할지라도, 투렌이 주장한 것처럼 어떤 운동이 출현하는 역사적 환경은 그 운동의 경로와 효능을 결정한다(Touraine 1977, 1981). 다른 연구자들은 이런 요소들을 활성화하는 사회적 환경과 이 요소들을 저마다 상이한 방식으로 결합해 왔다. 예를 들어, 닐 스멜서는 여섯 가지 요소를 들고 있다(Smelser 1962). 항의나 반란을 가져오는 그 사회의 구조적 전도성, 특정한 변화의 요구를 야기하는 구조적 긴장, 명확히 규정된 경향에 맞춰 이런 긴장감에 대응하도록 구성해 주는 일반화된 신념, 행동을 유발하는 촉매 요인, 운동을 지도하고 지원하는 통합적 행동(가령, 조직체)의 존재 여부, 그리고 이 운동이 성공적인 결과를 내지 못하게 하려는 사회적 통제 기제의 능력이 제한될 것 등이 바로 그 요소들이다. 이렇게 전제조건들을 구분함으로써, 우리는 사람들이 무기를 들게 되는 사회적, 제도적, 개인적인 요인들을 각기 구분해 논의하는 것이 훨씬 도움이 된다는 점을 알 수 있다.

1) 사회적 조건들

혁명의 가능성은 무력을 사용하는 사회의 성향에 따라 다양해질 수밖에 없는데, 사실 그 물증은 혼란스럽다(Calvert 1984, 64~78). 살인 발생률이 높은 나라들, 예컨대 멕시코나 콜롬비아는 폭력으로 정부를 타도하려는 시도가 수년 동안 성공하지 못했던 안정된 민주주의 (또는, 유사-민주주의) 국가다. 니카라과는 최근 중요한 사회혁명을 겪고 있는데, 반혁명 무장세력이 외부의 지원을 받고 있는 까닭에 폭력이 계속되고 있다. 비록 중요한 내전을 겪던 19세기에는 그렇지 않았다고 하지만, 미국은 유럽의 기준에 비춰 보자면 살인 발생률이 매우 높은데도 사회적으로 안정된 보수적인 나라다. 혼란이나 국내의 집단적 폭력은 정치적·사회적 변화와 결부되어 확산되기도 하지만, 변화의 전조나 변화 과정 자체의 일부로서가 아니라, 사후적으로 또는 어떤 식으로든 변화의 충동이 좌절될 때 나타나기도 한다.

신념이 결핍됐다거나 정부나 사회 질서가 지지를 받지 못하고 있다는 사실은 반드시 필요한 사회적 전제 조건이 될 수도 있다. 그러나 언뜻 생각하는 것처럼 이런 상태가 그리 간단하게 일어나지는 않는다. 갬슨의 지적처럼(Gamson 1975), 얼마나 많은 사람들이 변화를 지지하는지는 얼마나 많은 사람들이, 그리고 무슨 종류의 사람들이 현 정부를 지지하는지를 알기 이전에는 별 의미가 없다. 이 편이나 저 편에 속한 사람들의 숫자가 아니라 정부와 반대자들 간의 균형이 무력을 동반한 갈등이 등장할 것인가 그렇지 않은가를 결정하며, 혁명적 사태의 와중에 일어나는 역동적인 상황 속에서 세력균형은 예상치 못할 정도로 급속히 바뀔 수도 있는 것이다.

원래, 계급분석은 장래에 발생할 사회혁명의 결과를 둘러싼 명확한 정보를 산출하려는 희망에서 발전해 왔다. 계급의 의미와 성격을 둘러싼 논의가 사회학의 주요 테마이긴 하지만, 오늘날 계급을 바라보는 관점은 맑스와 맑스의 직계 추종자들이 지녔던 단순한 실증적 모델에서 멀어져 왔다. 본질적으로, 계급도 논쟁적인 개념이다. 훨씬 중요한 문제는, 이 개념이 지닌 성격 자체가 맑스의 희망과는 달리 모든 사회에 각각 적용될 수 없다는 점일 것이다. 경험에 입각한 계급 개념이 발전해 온 것은 사실이지만, 이 개념은 그것이 고안된 사회체제에만 의미를 갖는 것으로 밝혀졌다(Calvert 1982). 그렇지만, 연구자들은 확신을 지닌 채 혁명을 계급적 세력의 관점에서 해석해 오고 있으며, 앞으로도 그런 작업을 계속하리라는 것도 의심의 여지가 없다.

그러나 최근 들어 수많은 저자들이 강조하고 있는 '농민이 근대의 혁명에서 차지하는 중심성'은, 1990년의 관점에서는 확실히 적절치 못한 것 같다는 점을 언급해야 할 것이다(Skocpol 1982. 그리고 Migdal 1974와 비교). 농법이 바뀌고 농민들이 토지에서 축출되어 농민들의 중요성이 급속히 쇠퇴하던 바로 그 시점에서, 왜 농민운동이 혁명적 지식인들 사이에서 그토록 대중적인 인기를 얻게 되었는지는 사실 지난 20년 동안 발생한 미스터리 가운데 하나다. 인구의 대다수가 농민이어서 농민들이 불안정해지는 상황을 정부가 두려워했을 때조차, 농민들은 정치적으로 중요한 구실을 한 적이 없다. 자신들이 일하는 토지에 남아 있어야 할 경우에야 농민들은 그것도 자기 고향만을 지키기 위해서 싸웠다. 아주 드문 경우이긴 했지만, 자신들의 삶의 방식을 지키기 위해서는 좀더 커다란 봉기에 참여해 무기를 들고 싸우거나 죽는 것 이외에는 다른 대안이 없을 때에만 싸웠다.

역설적이게도, 이런 과정을 거쳐 본질적으로 보수적인 이 사회집단이던 농민들이 가장 극단적인 급진주의자들과 결합되곤 했는데, 이런 결합은 사실 참여라기보다는 자포자기에 가까운 급진주의의 발로였다. 인류학자인 에릭 R. 울프는 이렇게 지적하고 있다.

'외부의 선동가들'이 존재하지 않을 경우, 농민들이 안락함을 누리려고 할 것이라는 관점은 전혀 근거가 없는 것이다. 반대로, 농민들은 잘못된 것을 바로잡기 위해 봉기를 일으킨다. 하지만, 농민들이 폭동을 일으키게 만드는 불평등은 거대한 사회적 혼란이 지방의 차원에서 드러난 것이기 때문에, 농민들의 폭동은 쉽사리 사회구조 전체를 변혁하려는 대중운동, 즉 혁명으로 전화하게 된다. 사회 자체가 전쟁터가 되어 버리고. 전쟁이 끝날 때 사회는 변하게 되며, 사회와 더불어 농민들도 변할 것이다(Wolf 1970, 301).

울프가 보기에, 이런 상황은 비극인 동시에 전적으로 희망이기도 하다. 울프가 논의한 6개국 — 멕시코, 러시아, 중국, 베트남, 알제리, 쿠바 — 의 농민들은 좀더 나은 시대를 추구한 전위들이었으며, 다만 "압도적인 권력의 행사를 행사함으로써 그런 희망을 묻어버리려는 — 우월한 기술과 우월한 조직을 갖춘 — 사람들의 신성동맹," 즉 미국에 의해서만 부정되었던 것이다. 그러나 울프의 열정은 "저발전된 미국의 농촌지역이 무장투쟁의 기초기지다"고 예측한 체 게바라의 말처럼 성급한 것이었다(Guevara 1967, 2). 농민은 혁명을 지지하는 세력이 아니었고, 오늘날에도 그러하다. 농민들은 멕시코혁명의 보병이었지 지도자는 아니었으며, 1940년 이래 모든 혁명에서도 그랬다.

울프가 인용했던 다른 사례들에서도 사정은 마찬가지였다. 더군다나, 오늘날 이런 나라들에서 농민들의 운명을 지배하는 것은 미국이 아니라 자국 정부다. 또한, 도시 거주자들의 정부가 사실상 내부 식민지 정책에 상응하는 방식을 통해 농촌을 마음

대로 위압하려는 놀라운 열정을 끊임없이 보여주고 있기 때문에, 농민들은 국가의 정치적 장래를 통제하기는커녕 앞으로도 존재할 수 있을지조차 믿을 수 없는 지경인 것이다.

여러 도회지 지식인들 중에서도, 농민들은 평범한 바보들('농촌 생활의 백치성')이라고 부당한 결론을 내린 사람은 맑스였다 (Marx·Engels 1962, Ⅰ, 38). 농민들은 혁명적 세력으로서 지녀야 할 적절한 자질을 갖추지 못했기 때문에, 도시의 새로운 노동계급이 진보를 이끈다는 것이다. 하지만, 도시 노동자들이 미래에 있을 프롤레타리아혁명의 기반이 되리라는 맑스의 믿음은 그 집단의 전투적 능력을 현실적으로 평가해서 도출된 것이 아니라, 변증법적 논리에 따라 도출된 것이었다. 실제로, 산업화가 확산되고 공장 규모가 확장됨에 따라, 쉽지는 않았지만 공장 노동자들간의 협조가 점점 강화됐다. 노동자 이전에 존재했던 농민처럼, 노동자들의 중요한 목표도 작업장에서 자신들의 몫을 확대하는 것이었다.

그러나 봉건 영주에 맞선 도전이 최소한 농촌의 지방 정부와 행정의 구조를 직접 위협했던 농민들과 달리, 노동자들은 권력의 중심부에서 멀리 떨어져 있었으며, 작업장을 떠나지 않고서는 그곳에 접근할 수도 없었다. 나아가 정부도 금세 깨닫게 되었듯이, 노동자들은 개별 작업장이나 광산에 공간적으로 집중되어 있어서 무력을 사용할 준비를 갖춘 정부에게 매우 쉽게 공격당했다. 정부는 노동자들은 포위할 수도 있었고, 필요하다면 굶기기라도 해서 항복을 받아낼 수도 있었다. 레지 드브레는 1965년에 볼리비아의 바리엔토스[11] 장군 정부가 주석광산 광부들을

---

11. [옮긴이] René Barrientos Ortuño(1919~1969). 볼리비아의 군인. 1964년 11월,

상대로 사용했던 이런 전략이야말로, 사회주의혁명의 승리에 치명적이라고 지적한 바 있다(Debray 1965). 하지만, 불행하게도 게바라에 대한 드브레의 열정은 자신의 충고를 스스로 무시하게 만들고 말았다. 드브레는 볼리비아로 가서 게바라를 만난 뒤 체포됐으며, 재판에 회부되어 투옥됐다.

탈산업 사회에서 산업 노동자들이 차지하는 지위를 볼 때, 노동자들이 미래의 혁명에서 중요한 세력을 형성하리라는 가정에는 그다지 근거가 없는 것 같다. 로봇을 돌보는 기계 관리자로서 노동자들은 혁명에서 별다른 구실을 하지 못하거나, 트로츠키가 혁명에서 중요한 구실을 할 것이라고 처음 언급한 바 있는 기술자들처럼, 노동자 가운데 소수만이 자신들이 차지하는 머릿수에 걸맞은 혼란을 가져올 수 있을 것이다. 공공부문의 노동자들과 기술자들은, 자신들이 잠재적으로 통제하고 있던 산업을 분산하는 방식으로 정부가 통제권을 박탈하자, 결과적으로 그 세력을 상실하게 됐다. 선진적인 산업 사회들이 전쟁을 위해 조직되어 있었기 때문에, 정부의 공공부문 의존도는 이미 일반적으로 알려진 것보다 훨씬 줄어든 상태였다(Laurie 1970).

셋째, 자기 자신을 선택받은 혁명의 도구로 생각했던 또 다른 집단은 학생들이다. 어느 나라에서건 지배 엘리트가 될 후보였던 학생들은 예외적으로 정치적 행동에 참여할 기회를 맞이했는데, 1989년에 일어난 베이징 사태는 학생들이 기성 세대들보다 기존의 상황을 훨씬 더 불만스럽게 생각한다는 사실을 정확히 반영한 가장 최근의 사례라 할 수 있다. 다른 한편으로, 학생들은

군부 쿠데타로 군사평의회 수반이 되어 정권을 장악한 뒤, 1966년 대통령이 됐다. 1969년, 헬리콥터 사고를 위장한 암살로 사망했다.

경험과 성숙함을 결여하고 있는데, 유감스럽게도 정치적 학생운동의 역사는 극적인 등장과 갑작스런 붕괴의 역사 바로 그것 자체였다.

사회운동이 출현하는 이유는 다양하지만, 혁명을 촉진하는 사회운동은 매우 드물다. 그도 그럴 것이, 대다수 사람들은 권력을 장악해 사회를 급진적으로 변혁한다는 영웅적인 과업을 그리 진지하게 고려하지 않기 때문이다. 아벨러의 사회운동 분류법[12]에 따르자면, 오로지 변혁적 운동 — 말하자면, 급진적으로 사회의 구조적 변화를 모색하는 운동 — 만이 자체적인 의제를 지닌 혁명이 되리라고 기대할 수 있다(Giddens 1989, 625). 그러나 현실적인 사례를 보면, 그런 급진적 운동들이 스스로 설정한 거대한 목적을 달성하는 경우는 매우 드물며, 오히려 사회혁명은 개혁적 집단들의 연합이 애초의 개혁적 성격을 탈피해 점차 혁명적 양상을 띠게 되면서 등장하는 경우가 많다. 이런 연합은 아벨러의 다른 두 범주가 지닌 요소들을 겸비하고 있다는 것이 특징이다. 현존 질서 내에서 특정한 변화를 모색하는 개혁적 운동(예컨대, 헌법개혁 운동), 그리고 부패에서 사회를 구제하려고 하는 속죄적 운동이 바로 그런 범주들이다. 이런 연합을 효과적인 정치운동과 결합하기 위해서는 사회의 제도적 본질과 국가의 본질에 의해 규정되는 제도적 구조가 존재해야 한다.

---

12. [옮긴이] 미국 인류학자 아벨러(David Friend Aberle, 1918~)가 『나바호족의 페요테 숭배The Peyote Religion among the Navaho』(1966)에서 제안한 분류법. 아벨러는 사회운동을 '변화의 중심/위치'(초개인적 층위와 개인적 층위)와 '변화의 정도'(총체적 층위와 부분적 층위) 두 차원으로 구분한 뒤, 이것을 조합해 사회운동의 유형을 '변혁적,' '개혁적,' '속죄적redemptive,' '개변적alternative' 유형 등 네 가지로 분류했다.

2) 제도적 요인들

혁명은 사회적 과정일 뿐만 아니라 권력의 장악, 공고화, 그리고 미래의 권력 행사를 염두에 둔 정치적 행동(또는 연속된 행위들)이기도 하다. 따라서, 혁명을 해석할 때에는 정치적 목적을 위해 조직된 국가나 공동체의 성격을 이해하는 것이 중요하다. 프란츠 보르케나우는 사회의 변동만큼이나 국가의 변동도 혁명의 일부라고 말해 왔는데, 이 말은 여러 차례 망각되고 또 다시 재발견되었다(Borkenau 1937). 피에르 비른바움은 체제를 향한 도전에 잘 견뎌 내는 '강한' 국가, 그리고 (전부는 아니지만) 대다수 주요한 사회혁명의 전조였다고 여겨지는 '약한' 국가를 나누는 유명한 구분을 제시한 바 있다(Birnbaum 1988). 브라질의 경우를 보면, 1964년에 군부가 권력을 장악하고 20년 이상 통치함으로써 국가가 강화됐다. 그렇지만 국가는 사회적 행위를 제도적으로 제약하는 일련의 복잡한 연동구조로 구성되어 있다. 그렇기 때문에, 제도는 혁명을 이해하는 데 중요한 것이다.

모든 관점에서 가장 중요한 제도는 바로 정부인데, 정부는 정치적 요구가 집중되는 목표로서 정치과정의 핵심에 놓여 있다. 그날 그날 살아남으려면 정부는 이런 요구들을 만족스런 결과로 전환할 수 있어야 하며, 지지층을 활용해 다시 지지층을 확대하면서 많은 지지를 발생시킬 수 있어야 된다. 무슨 국가에서든 확실한 것은, 어찌 됐든 정부의 중심성이 좀더 알려지고 좀더 연구되어야 한다는 것이다. 이를 통해, 정부는 명확하게 이해되는 혁명 방정식의 일부가 되어야만 한다. 하지만 이런 세 가지 이유로 인해, 정치적 반대자들은 말할 것도 없고 정부도,

제도가 혁명적 행위를 제약한다는 점을 그다지 잘 이해하지 못하고 있다.

정부는 복합적이다. 정부를 지지하는 사회집단이나 정부 구성원들의 사회적 계층과 무관하게, 정부는 그 자체로 제도적 역동성을 지니고 있다. 이것은 긍정적인 측면이다. 합리적으로 발전된 근대 국가에서는 이제 1인 지배가 현실적으로 불가능하다. 또 한편으로, 부정적인 측면도 있다. 알리슨이 주장하듯이, 정책을 결정하는 '합리적 행위자'라는 전통적인 모델은 정부 내부에서 무슨 일이 일어나는지를 만족스럽게 설명할 수 없다(Allison 1971). 정부의 행위가 적어도 합리적으로 보인다면(그 자체로 대단히 논쟁적인 전제다), 이것은 개인들의 합리적 결정이라는 결과물이 집단적인 합리성의 산물임이 증명됐다기보다는 그렇게 가정되고 있다는 의미에서만 합리적일 뿐이다. 현대의 정책 결정 이론은 전통적인 합리적 행위자 모델에 몇 가지 대안을 제시하고 있는데, 그 가운데 가장 중요한 대안이 조직과정 모델과 정부(관료)정치 모델로 분류될 수 있을 것이다. 그러나 정부 부처들 사이에서나 개인들 사이에서나 각 세력들이 서로 복잡하게 작용하기 때문에, 각각의 결정 과정이 어떤 결과를 가져올지는 확실하게 예측될 수 없다.

대개 정책결정 과정은 은폐되기 마련인데, 이것은 정부가 지니고 있는 제도적 결속감 때문이다. 정부 내부에 있는 개인들은 외부인들, 심지어는 자신을 양육한 사람들이나 공통된 계급적 상황을 공유하는 사람들보다 끼리끼리 더 닮게 마련이다. 이런 상황이 극단화되면, 재니스가 '집단적 사고'라 명명한 심리적 탈선, 즉 집단 전체가 잘못된 판단이나 파국적인 결정을 고집하는 경향이 발생하는데, 이런 경향은 집단적 결속감에 의해 용기를 얻게 된 특정 집단의 구성원들이 스스로 계획한 행동 경로의 뻔한 결함을 염두에 두지 못하기 때문에 일어난다(Janis 1972). 이런 통찰은 현재뿐만 아니라 과거에도 적용될 수 있다. 그렇기 때문에, 군주정 시대부터 내려온 전통적인 혁명관은 적절하지 못하다기보다는 수정되어야 하는 것이다.

정부는 위계적이다. 정부는 복잡한 행정적 구조의 정점에 서 있으며, 실무자들과 실무자들이 관리하는 연결망, 실무자들이 각 지방이나 지역과 맺고 있는 연계 등에 기대어 결정된 사항들을 효과적으로 수행한다. 공공정책 전문가들은, 이미 실패했거나 단지 커다란 중요성을 구체적으로 부여하지 못했던 결정부터 실행 단계에 이른 결정에 이르기까지 최근 겪은 주요한 결정들을 통해 가르침을 얻는다. '예, 장관님Yes, Minister 현상'이라는 극단적인 형태를 통해, 실무자들은 자기 판단에 따라 정부의 결정을 완전히 좌절시킬 수 있다. 예를 들어, 정부는 혁명적 집단에 양보하려고 하는데, 실무자들이 명령을 원활히 수행하지 않거나, 최악의 경우 군부가 정부를 전복하는 사태가 그렇다. 그렇기 때문에, 정부의 예상된 반응을 평가할 때 연구자들은 정부가 대답하기 싫어하는 날카로운 질문을 던져 봐야 한다. 즉, 명령은 완수됐는가? 명령이 그대로 수행될 수 있도록 어떤 방법을 썼는가? 명령의 권위가 공격받을 경우, 명령을 성공적으로 완수하기 위해 무력을 사용할 수도 있는가?

논리적으로 볼 때, 우리는 정부나 사회를 바꾸기 위해 무력을 사용하는 자들은 전문적으로 훈련받은 사람들일 것이며, 그렇기 때문에 이 사람들이 무력을 사용하는 상황을 거의 막아낼 수 없으리라는 사실을 알 수 있다. 이런 관점에서 보자면, 그 어느 집단보다도 하나의 집단이 도드라지는데, 그 집단이 바로 군부다. 피너가 언급했듯이(Finer 1976), 군부는 이런 관점에서 너무나 큰 이점을 지니고 있기 때문에, 정작 설명되어야 할 것은 특정한 국가가 군부정권의 지배를 받고 있다는 점이 아니라, 그렇지 않는 국가가 있는가 하는 점이다. 통계로 보면, 지금까지 정치에 무력으로 개입하는 가장 보편적인 형태는 군사 쿠데타였다. 그러나 그런 수단으로 권력을 장악한 정부들은 대개 단명했으며, 흔히 자신들을 권력의 최고 자리에 앉혀 놓은 것과 똑같은 도전에 직면해 붕괴되고 말았다. 그리하여 피너는 개입할 수 있는 기회와 개입할 수 있는 배치상태를 구분한다. 무장 세력들은 대부분 개입할 기회를 지닐 수 있는데 반해, 개입할 수 있는 배치상태는 특정한 시기에 그것도 오직 몇몇 세력만 얻을 수 있다.

　이것은 두 가지 방식으로 작동한다. 앞서 언급했듯이, 군대가 혁명에서 수행하는 기능을 공평하면서도 편파적이지 않게 최초로 강조한 관찰자는 캐서린 코레이(Chorley 1943)다. 코레이의 연구는 2차대전 이래로 군부의 정치적 기능을 다룬 수많은 연구들이 나아갈 길을 닦아 놓았다(특히 다음을 참조할 것. Andriole and Hopper 1984, O'Kane 1987). 코레이는 과거의 혁명가들이 이런 요소를 설명하지 못했다고 비판했다.

　러시아인들을 제외한다면, 현실에서 혁명 지도자들은 과거의 이론이나 경험 그 어느 것도 참조하지 않은 채, 임기응변으로만 자신들의 과제에 착수하는 듯하다. 특히, 사회주의 사상가들이나 선견지명 있는 정치가들, 그리고 일반적으로 직무상 진행 중인 혁명을 무력으로 억압하는 우파들 같은 특별한 경우를 제외한다면, 봉기를 통해 전복하려는 현 정부의 방어력이 지닌 힘이나 그 성격과 관련지어 무장봉기를 역사적으로 분석하려는 노력에 전혀 주의를 기울이지 않았다(Chorley 1943, 11).

이런 점에서, 코레이야말로 몇 가지 유보사항에도 불구하고, 혁명을 일으키려는 사람이라면 반드시 중요한 경고로 받아들여야 할 만큼 충분히 시간의 검증을 견뎌 낸 원칙을 최초로 분명하게 언급한 사람이었다. 즉, "군대를 완전히 장악하고 있으며, 이것을 아주 효과적으로 사용할 수 있는 위치에 선 기존의 정부는 결정적인 우위를 차지하고 있기 때문에, 어느 반란 세력도 이 정부를 압도하리라고 기대할 수 없다"는 원칙을 최초로 분명히 언급한 인물이었다. 그렇다면 혁명은 성공하지 못한 전쟁의 마지막 단계에서나 일어나리라고 기대될 수 있다. 만약 그렇지 않다면, 군대와 민간인 간의 친화력──그대로 유지하기에는 너무 두렵기 때문에 웬만한 군대라면 삼가는──만이 정부가 군대를 통제하는 데 가장 커다란 위협이 될 수 있다. 이런 친화력은 코뮌이 있던 시기 프랑스에서 두드러졌는데, 역사가 티에르[13]의 임시정부는 이것을 제거할 방법을 갖고 있었다. 군대를 막사로 철수하게 한 뒤 고립시키고, 야전으로 복귀하기 전에 숙청을 단행하는 방법이 그것이었다. 엄밀하게 말하면 중국에서도 1989년에 똑같은 전략을 채택했다. 베이징 점령을 명령받은 부대가 민간

---

13. [옮긴이] Louis-Adolphe Thiers(1797~1877). 프랑스의 정치가이자 역사가. 1871년, 파리 코뮌을 진압한 뒤 대통령에 취임했다. 저서로『프랑스혁명사Histoire de la Révolution Française』(전8권/1823~1827) 등이 있다.

인들과 친해지고 있다는 사실을 알자마자 지도부는 그 부대를 철수하게 하고 새 부대를 투입했는데, 이 부대는 작전 투입 2주 동안 뉴스를 접하지도 못한 채 전국 각지에서 차출된 부대였다 (그래서 부대원들은 서로 알아듣지도 못하는 방언을 썼고, 오직 제도를 향한 충성으로만 결속되어 있었다). 오늘날, 통상적으로 군대는 민간인 공동체들과 격리되어 있는데, 이런 격리는 국내 안보의 유지를 명령받은 군인들이 자신을 어느 정도 보호해줄 뿐만 아니라 민간인들과 자신들을 뚜렷이 구별해 주기도 하는 특수한 진압용 제복과 장비를 사용할 때 더욱 강화된다.

그래서 군인들은 사회적 출신 때문이 아니라, 제도적으로 지닌 힘 때문에 혁명에서 특별히 중요한 것이다. 군대라는 제도는 제도를 향한 충성심을 각인하기 위해 만들어졌다. 장교를 선발하고 훈련하는 충원방식의 성격 자체야말로 군인들을 공식적인 계급구조와 격리된 선별적 집단, 즉 일종의 카스트와 비슷한 집단이 되게 만든다. 그렇기 때문에 군인들은 개인으로서 자신들이 속해 있던 사회집단과 상관없이 행동할 수 있고, 또 그렇게 행동하는 것이다.

군대야말로 지배계급의 필수적인 무력이라는 것이 좌파와 우파의 전통적인 가정이었다. 지배계급이 지배를 행한다고 했을 때 정확히 무엇을 지배한다는 것이냐는 매우 흥미롭지만 지겨운 질문을 제쳐 둔다면(Therborn 1980), 이처럼 윤곽이 뚜렷한 가정에 기대어 군대 자체를 연구할 수는 없다는 점을 지적해야 하겠다. 수많은 사례에서 볼 수 있듯이, 장교와 민간인 간에 어떤 연계가 맺어진다는 것은 사실상 민간인들이 군대를 자신들의 정치적 책략에 끌어넣는다는 말이다. 극단적인 경우 — 가령,

브라질 — 에는 이런 과정이 완전히 제도화된 나머지, 야심을 품은 정치가라면 재정적 후원자나 당원들을 확보하려고 하듯이 군사적 후원자—브라질 정치의 제도적 맥락에서 보자면, 사실 상 이 요소들이 전부다—를 확보하려고 할 것이다. 이런 맥락에 서라면, 군부의 정치 개입과 군사정권을 바라보는 전통적인 개념은 확실히 수정되어야만 할 것이다.

더군다나, 군대가 혁명에서 담당하는 기능은 권력을 장악하거나 사회를 통제함으로써 혁명 정부의 안정을 확보하고 권력을 굳건하게 만들어 주는 것만이 아니다. 아델만이 주장한 것처럼 (Adelman 1985), 위대한 사회혁명의 두드러진 특징은, 혁명을 통해 커다란 희생도 감수하며 전쟁을 수행하는 국가의 능력이 향상되었다는 사실이었다. 가장 최근에는 이란에서도 똑같은 현상이 목격됐는데, 혁명은 대중을 동원하려고 했고 '인해' 전술을 채택해 이라크의 공격을 막다른 궁지에 몰아넣었으며, 궁극적으로 성공적인 결과를 만들어 냈다. 혁명 당시의 니카라과는 1979년 이전에는 일반적으로 도저히 저항할 수 없으리라고 여겨졌던 미국의 압력을 성공적으로 감당할 수 있었다. 스카치폴이 언급했듯이(Skocpol 1988), 이 가정은 약간 검토해 보아야 한다. 지정학 측면에서 볼 때, 멕시코혁명이 외국과 벌인 전쟁에서 대중을 동원할 수 있을 정도의 역량을 지니고 있었는지(이 혁명 자체는 역사상 가장 값비싼 '내전'이었음에도)는 결코 검증된 바 없으며, 1934년 이후만 보자면 멕시코의 정권들은 전쟁보다는 대사회적인 목적을 수행하는 데에서 더 훌륭한 성과를 보였다.

사회의 흐름에서 고립되는 것은 경찰들이 선택할 수 있는 사항은 아니었는데, 경찰은 맡은 바 임무 때문에 반드시 사람들

사이에 존재해야 하며, 그렇기 때문에 사람들이 가하는 사회적 압력에 무방비 상태였다. 고립은 존재하지만 — 어떤 경찰 부인이라도 그렇게 말할 것이다 — 이것은 군대 생활 같은 물리적 분리라기보다는 사회 내부에서 주어진 고립이다. 그렇기 때문에, 경찰들은 자신들이 유지할 의무가 있는 기존 질서에 따라 모든 것을 바라보게 되는 사회 속에서, 제도를 향한 자기만의 충성심을 발전시킨다. 흥미롭게도, 범죄자들은 사회의 자연적 질서라는 똑같은 가정을 경찰들과 기본적으로 공유하는 경향이 있다. 북아일랜드에서는 소요가 발생한 1969년 이래, 이른바 '훌륭하고 정직한 범죄'라고 불리는 (전적으로 역설적이지는 않은) 현상이 나타났는데, 외부 관찰자들은 그 사회에서 통용되는 가정들과 사회 자체가 대단히 인습적이라는 사실에 놀라곤 했다. 사실, 그토록 오랫동안 폭력적인 사건이 일어날 수 있었던 배경에는 사회의 극단적인 보수주의가 자리하고 있다.

군사화되면 될수록 경찰들의 행위는 점점 더 군대식 행위에 버금가게 되며, 점점 더 효율적인 억압력이 되어 간다. '막사'에 숙박하게 하며, 헬멧과 장갑으로 무장시킨 다음 닭장차로 이동시킬수록, 경찰들은 효율적인 무력 집단이 될 뿐만 아니라 고립되기도 한다. 그러나 군부는 경찰을 보통 2류 시민으로 여기고 군부에 종속된 집단으로 취급한다. 그래서 정부는 사태가 통제할 수 없는 지경에 이르더라도 경찰에 의존할 수 없게 된다. 그런 이유로, 반혁명에 맞서 자기 자신을 보호하고 개혁 프로그램을 강화하기 위해 강력한 중앙집권적 보안기구를 창설하는 일이 혁명 정부의 중요한 과업 — 이 말이 적절하다면 — 들 가운데 하나가 됐다. 이런 점에서 보자면, 혁명 이전과 혁명 이후를 비교할 때 인적 차원에서 두드러진 연속성이 있더라도 조직 자체는 좀더 엄격하게 구성되며, 조직의 권력은 사회적 기준이 광범위하게 변할 때만 가능한 그런 방식을 통해서 확대된다.

여기에서, 사회의 주요한 제도적 배치를 일일이 따지면서 각각의 제도들이 혁명의 과정에 어떤 식으로 관련되는지를 보여주는 것이 이 글의 목적은 아니라는 점을 밝힌다. 지금까지 우리는 혁명이란 그저 잠재적인 이익집단을 동원하는 문제가 아니라, 오히려 이런 동원이 발생하는 제도적 구조의 문제임을 충분히 언급했다.

3) 인적인 요인들

개인들의 행위, 특히 통솔력은 혁명적 상황이 발발하고 발전하는 데 매우 중요하지만, 실망스럽게도 혁명가들의 개인적 동기는 여전히 제한적으로만 연구됐다.

인적인 요인들은 사회적·심리적인 요인들로 세분될 수 있다. 혁명을 다룬 문헌들은 대부분 어느 개인을 움직이게 만든 것은 반드시 모든 사람을 움직인다는 전통적인 가정을 꾸준히 반영하고 있는데, 혁명 전야의 상황에서 경험되는 것이라고 페티가 말한 '구속성' 개념이 그 예다(Pettee 1938). 그러나 혁명 지도자들의 경력을 주의 깊게 검토해 보면 그 사람들의 배경과 재능이 일반인들과 그리 다르지 않다는 점을 알 수 있다. 혁명 지도자들의 삶을 특이하게 만드는 것은, 그 사람들이 속해 있는 집단, 그리고 어느 결정적 국면에서 그 사람들이 깨닫게 되는 상황이다.

사건을 해석하기

이미 언급한 것처럼, 공식적으로 권력을 장악한다는 것은 혁명에서 핵심적인 부분이다. 실제로 발생하는 일은, 어떤 지배 집단이 좀더 폭넓은 정치적·사회적 변화의 길을 여는 또 다른 집단의 강제적인 행동에 밀려 쫓겨나는 일이다(Calvert 1970b, Brier and Calvert 1975, Brier 1982).

낡은 질서의 수호자들에게 어떤 일이 일어날지는 뻔하다. 공식적인 직위와 명예와 특권을 박탈당하며, 권력 네트워크에서 쫓겨나거나 체포되고, 망명을 가거나 때로는 사형을 당한다. 그 사람들이 일련의 사태에서 더욱더 중요한 구실을 하느냐 못하느냐는, 그 자신들에게 달린 것이 아니라 타인들의 의지와 행동에 달려 있다. 하지만 권투 선수와 달리 정치가들은 일단 쓰러지더라도 상대적으로 쉽게 복귀할 수 있다.

권력을 확보한 사람들에게 무슨 일이 일어나는지는 그 개념상 훨씬 알기가 어렵다. 강제적인 공직 찬탈이 그 직위상 부여되는 특권을 행사할 수 있는 합당한 절차로 인정받지 못하는 사회에서라면, 실질적인 권력 행사는 당연하게도 상당히 다른 문제가 된다. 권력이 직위와 함께 간다고 오해한 혁명가 중 한 사람이 아볼 하산 바니-사드르[14]다. 사드르는 이란 공화국의 초대 대통령이 되겠다는 오랜 야망을 성취했으나, 자신이 창설을 도왔던 공화국은 대통령에게 의장 노릇만을 허용하는 그런 나라였다.

---

14. [옮긴이] Abol Hassan Bani-Sadr(1933~). 이란의 정치가. 1979년, 임시 혁명정부에서 외무장관을 맡았다. 1980년에 대통령이 됐으나, 1980년의 테헤란 주재 미대사관 점거 사건으로 혁명평의회와 대립하다 해임됐다.

풍자적일지는 몰라도, "권력은 총구에서 나온다"는 마오쩌둥의 경구는 근본적으로 틀린 것이다. 무력은 권력이 아니다. 이것은 마치 어느 부자가 최신 내연기관을 장착한 자신의 유람선을 다이너마이트로 움직이려고 하는 것과 같다. 무력은 순간적이며, 때때로 단락段落되기도 한다. 권력은 명령이 지켜지거나 결정이 완수되리라 보증하는 방식으로 끊임없이 의지를 행사할 때 존재하게 된다. 한 나라의 금보유량과 안정도가 통화를 뒷받침해 주듯이, 무력은 결국 권력을 뒷받침해 준다. 그러나 일상적인 권력의 행사는 신뢰성에 좌우된다. 끊임없이 무력에 의존하는 정부는 신뢰성을 보장받지 못하는데, 정부만을 따로 떼어 고찰할 경우에는 정부가 하는 행위의 초점을 완전히 놓치게 된다. 정부는 반대자들과 맺은 관계 속에서만 강하거나 약할 수 있다. 원하기만 하면 충분히 강해질 수 있는 반대자들이 새로운 정부가 될 수도 있다. 권력을 손에 쥔 사람들이나 그렇지 못한 사람들이나 왜 그런 상황에서도 권력을 배타적으로 장악하기 위해 분투하는지는 여전히 의문이다. 이 문제의 해답은 분명히 권력을 가지고 무엇을 하려고 하는가에 크게 좌우된다.

무슨 일이 발생하건, 곧 권력을 쥐게 될 정부는 자신의 입지를 강화해야만 한다. 대개 서로 중첩되고 시차적으로 구분되지도 않긴 하지만, 공고화 국면은 두 단계로 나뉠 수 있다. 첫째 단계는 정부 자체의 공고화로서, 이 단계에서는 역공세가 일어날 가능성에 대비해 정부를 방어해야 하는 즉각적인 조치가 강구된다. 더는 자신에게 성공적으로 도전할 세력이 존재하지 않게 된 뒤에도 정부는 자신의 힘을 상대적으로 증대하기 위해 비상 지휘'권'을 연장할 수도 있어서 대개 그렇게 하지만, 이런 단계는 보통 짧게 끝났다. 몇 주나 몇 달이 지체되는 일이 발생할 수도 있지만, 곧이어 둘째 단계가 시작된다. 이 단계에서는 새 정부가 지닌 이상에 맞춰 사회를 재구성하고, 더 나아가 생존의 가능성을 높일 목적으로 좀더 폭넓은 사회변화 프로그램이 실시된다.

우리는 이런 변화를 '개혁'이라고 부를 수 있을 것이다. '개혁'이라는 단어 특유의 의미가 지금까지 퇴색되어 온 나머지 실질적으로 '변화' 이상의 의미가 없긴 하지만, 아직까지는 사회적 진보라는 의미를 함축하고 있는 만큼 여기서 이 단어를 사용할 수도 있을 것이다. 이런 관점에서 보자면, 적어도 혁명 개념과 진화 개념은 서로 바꿔 쓸 수 있다. 두 개념들이 서로 다를지라도, 진화적 변화를 통해 개혁에 도달하는 과정이 뒤바뀌지는 않을 것 같다. 이미 고찰한 것처럼, 실제로 혁명과 반혁명 사이에는 과정상의 차이가 없다. 그렇기 때문에, 둘 중 하나가 진행될 때 다른 집단이 이와 비슷한 과정을 따를 수도 있는 것이다.

그렇다면 혁명은, 전부는 아닐지라도 혁명을 통해 얻은 수많은 성과들을 테르미도르의 시기[반동기]에 영원히 상실한 채 종결될 수밖에 없다는 말인가? 혁명 다음에는 반드시 반동이 발생하는가? 그 대답은 혁명가나 반동주의자를 모두 만족시키지는 못할 것이다. 혁명 다음에 반드시 반동이 뒤따르지는 않는데, 적어도 혁명 관련자들이 실제로 살아 있는 동안에는 그렇다. 후속 정부가 기존 정부의 정당성을 훼손하려는 과정에서 막대한 희생과 파국을 감수한 채 외국과 전쟁을 치른다면, 그 가능성은 더욱 높아진다. 그러나 근대화된 국가는 나폴레옹의 경시총감이 었던 조세프 푸셰[15]가 꿈꾸었던, 매우 효과적인 감시기구와 억압

---

15. [옮긴이] Joseph Fouché(1759~1820). 프랑스의 정치가. 1799년 11월 나폴레옹

기구를 유지할 수 있다. 다른 시각에서 보자면, 정부는 대개 비정부 집단에 비해 막강한 권력을 가지고 있기 때문에 구태여 그렇게 할 필요도 없다. 오히려, 가장 커다란 위협은 내부에서, 특히 군대에서 출현한다. 혁명 뒤에 반동이 뒤이어 발생하지 않는 이유는 대개의 경우 혁명이 반동보다 먼저 발생하기 때문이라기보다는, 혁명이 반동보다 더 자주 발생하기 때문이다. 그리고 오히려 전통적인 사회학적 의미의 혁명이 도대체 일어나기는 했었는지가 오늘날 우리가 반드시 대답해야만 하는 질문인 것이다.

통령정부 체제에서 경시총감이 되어 첩보망을 늘리고 경찰력을 강화하는 등 오늘날의 프랑스 경찰조직의 기반을 닦아놓은 것으로 유명하다. 흔히, 기회주의자이자 권모술수에 능한 정치인의 대명사로 불린다.

이론화 **III**

혁명에 대해 생각하기

이론화는 관찰이나 해석 이상의 작업이다. 해석은 그저 현상을 이해할 수 있는 그림을 제공할 뿐, 사태의 추이를 반드시 완전하고 포괄적으로 설명해 주지는 않는다. 이론의 목적은 이런 설명을 제공하는 것인데, 미래를 내다볼 수 있는 맥락에서 이런 작업을 하면 어떤 사건이 뒤따라올지를 예측할 수도 있다.

혁명을 둘러싼 사유는 그 목표와 대상이 어쩔 수 없이 제한되곤 했다. 대표적인 사례로 간주되어 온 프랑스혁명의 경우 사실상 이 문제에 대한 설명이 독특했는데, 이것은 계몽주의가 확립한 이성의 역사 *histoire raisonnée*라는 전통의 일부를 구성하는 것이었다. 비교사적 방법은 존 스튜어트 밀이 『논리학 체계』에서 대강의 원리들을 제시한 이후인 19세기 중반에야 비로소 출현했다. 이 방법의 폭은 활용할 수 있는 사례의 숫자와 시간에 제한을 받았다. 그 깊이 또한 통상적인 역사 자료에서 활용할 수 있는 정보의 범위가 제한되어 있던 까닭에 상당히 제약을 받았다. 이런 점에도 불구하고, 비교사적 방법은 오늘날 혁명에 관한 이론적 해석에 주요한 영향을 미쳤으며, 앞서 주장한 것처럼 여전히 혁명을 이해하는 핵심적인 도구로 남아 있다.

맑스 자신이 부르주아혁명을 연구했던 방법도 바로 이와 같은 비교사적 전통에 속했다. 그러나 맑스가 이후 세대에 그토록 중요한 영향을 미칠 수 있었던 것은 방법론 때문이 아니라 (Popper 1962, II), 당대의 사태에 대해서는 저널리스트들보다 자신이 훨씬 뛰어나게 이해하고 있다는 점을 동시대인들과 자신의 추종자들에게 확신시켰기 때문이다. 맑스는 혁명을 이론화할 때에 다른 이론가들처럼 유추의 방법을 썼는데, 그 자신은 기본적으로 경제학 분야에서 그렇게 했다. 세계 무역의 위기가 혁명적 혼돈을 가져오는가? 좋다! 그렇다면 다음 번 위기에서는 좀더 큰 혁명적 동요가 일어날 것이다! 부유한 자들은 어떻게 자기 손에 부를 집중시킬까? 부를 집중시키려면 어느 정도 정치 질서를 통제해야만 한다. 정치적 사건들이 경제적 현상과 불가피하게 연결되어 있다는 근본적인 가정은 역사상의 사례들로 뒷받침됐지만 결코 검증되지는 않았다. 전제가 모호하다는 것은 그 가정들이 반박될 수 없다는 것을 의미한다. 그래서 어느 맑스주의 학자는 이렇게 적었다.

> 맑스주의 이론은 최근의 사회과학 이론들보다 덜 일반적이면서도 더 역사적인 범주들에 기반을 두고 있으며, 사회의 혁명적 변혁(차라리, 정치적 폭력 일반이라고 말하자) 자체를 훨씬 품위 있고 완전하게 설명한다. 따라서 여러 혁명들을 명료하게 설명하려는 역사가들이 가장 지속적으로 사용했고, 가장 많은 성과를 낸 사회과학 이론도 맑스주의인 것은 결코 우연이 아니다. 하지만 맑스의 이론과 역사 간의 상호작용은 불충분하다. 왜냐 하면, 이론이 제공한 설명들을 검증하거나 수정하는 데 역사적 사례들이 사용되지는 않았기 때문이다(Skocpol 1979, 34).

사실, 스카치폴은 후기 맑스주의자들과 비맑스주의적 사회과학자들에게 어느 정도 불공평하다. 맑스의 이론이 품위를 지닌 이유는 그것이 논박될 수 없기 때문이다. 맑스는 자신의 이론에서 변화의 중요한 행위자인 계급이 과연 무엇을 의미하는지 결코 만족스럽게 정의한 바 없다. 맑스는 프롤레타리아트가 혁명을 통해 권력을 추구해야만 하는 이유, 또는 부르주아지가 프롤레타리아트에게 권력 장악을 허용하는 방식으로 행동하는 이유를 합리적으로 설명하지 못하고 있다. 게다가, 여기에 얼마만큼 시간이 필요한지도 적절하게 지적하지 않고 있다. 그렇기 때문에, 프롤레타리아트가 기대고 있는 이 이론은 혁명을 예측하는 데 적절한 기반을 제공하지 못하고 있다. 더 나아가, 맑스 사후 현대 사회가 근본적으로 심오하게 변했다는 것은 누가 봐도 분명하다. 후기 맑스주의자들은 혁명이 발생하기 이전에 충족되어야만 할 부가적인 조건을 명기하거나, 정치권력을 장악하는 과정에서 프롤레타리아트에게 부여된 핵심적인 소임을 재평가하거나, 정부의 억압이 갖는 효과를 설명하기 위해 국가가 사회의 경제적 구조와 떨어져 독립되어 있는 정도를 받아들이는 등 다양한 방식으로 맑스의 이론을 수정해야만 했다. 이런 해결책에 결코 만족하지 못하고 맑스주의를 바탕부터 완전히 재구축하자고 주장했던 존 엘스터는 다음과 같이 지적한다.

따라서, 우리는 맑스의 공산주의 혁명이론이 노동자, 자본가 또는 자본주의 국가의 정부가 비합리적으로 행동할 수밖에 없다고 가정한다는 결론을 내려야만 한다. 이런 가정들에 아무 근거도 제시하지 않았던 까닭에, 맑스의 이론은 실패했다. 문제는 사건들이 이런 시나리오 가운데 하나를 따라 발전할 수 없다는 점이다. 비합리적 행위가 극도로 강력한 정치적 힘이 될 수도 있다. 따라서 오히려 문제의 초점은 사건들이 자신의 바람대로 발전할 것이라는 생각에 맑스가 아무런 합리적 근거도 제공하지 못했다는 점이다. 본래 맑스의 시나리오는 희망적 관측에 기반하고 있었지, 사회적 분석에 근거하지는 않았다(Taylor 1988, 225. 재인용).

19세기 후반에 발생한 혁명을 다룬 저술은 상대적으로 드물었다. 1871년 이후에는 유럽 열강들의 헤게모니가 더욱 강화되었고, 유럽 자체는 평화로웠다. 새로운 세기가 시작된 뒤에도 이란, 멕시코, 중국에서 발생한 혁명은 다만 유럽식 제도의 성공을 확인해 주는 것으로 간주될 뿐이었다. 이런 이유 때문에, 비교 혁명사에 대한 관심이 실질적으로 다시 출현한 시기가 1920년대 이후라는 점은 그다지 놀랄 일이 아니다. 사람들은 앞으로 러시아혁명이 나아갈 수 있는 경로를 입증하려고 역사를 샅샅이 뒤져 댔다. 이 사실은 의심할 바 없이 중요하다. 문제는 러시아혁명이 전적으로 새로운 현상인지, 또는 적절한 시기에 러시아혁명이 그 이전에 일어났던 선례를 뒤따를지 하는 것이었다.

프랑스혁명기를 연구한 미국 역사가 크레인 브린튼은 1938년에 출간한 『혁명의 해부The Anatomy of Revolution』에서 영국·미국·프랑스·러시아혁명에 대한 비교사적인 연구를 시도했다. 브린튼은 러시아혁명이 이전의 사회혁명들과 상당한 공통성을 지니고 있기 때문에, 좀더 새롭고 효율적인 국가체제를 실험하는 시기가 지나고 나면 러시아혁명도 혁명의 열정과 통합체가 한풀 꺾이는 '테르미도르' 시기에 들어갈 것이라고 주장하면서, 자신이 연구한 네 시기 사이에서 모종의 유사성을 도출했다. 그러나 역사가였던 브린튼은 일반화를 매우 조심스러워 했으며, 사례들 사이에 존재하는 많은 차이점을 강조했다. 실제로, 브린튼은 자신의 모델을 최종적인 것으로 간주하지 말아 달라고 다른 학자들에게 특별히 주의를 줬다(Brinton 1952, 3). 하지만 사람들은 대부분 그 주의를 무시해 왔다.

2차대전 직후에 발생한 사회혁명으로 많은 신생 국가들이 출현했는데, 연구에 사용할 수 있는 사례들이 늘어나자 수많은 저자들이 동일한 전통의 맥락에서 동일한 범주를 사용해 혁명을 연구하려고 했다. 리덴과 슈미트는 비교사적인 맥락에서 이전에 연구된 적이 없었거나, 또는 너무 최근에 일어나 연구될 수 없었던 네 사례, 즉 멕시코·터키·이집트·쿠바혁명을 선택해 기본적으로 브린튼의 작업을 반복했다(Leiden and Schmitt 1968). 그러나 이 사람들은 이론적인 도입부에서, 사회과학자들도 이런 사례 연구를 통해 다른 사례들에도 적용될 수 있는 좀더 일반적인 명제를 도출하려는 작업을 하고 있다고 인정했다.

비교사의 전통에서 더욱 명백한 사례는 1972년에 초판을 찍은 존 던의 『근대 혁명Modern Revolution』이다. 이 책에는 여덟 개(러시아, 멕시코, 중국, 유고슬라비아, 베트남, 알제리, 터키, 쿠바)의 사례 연구가 담겨 있다. 2차 자료에 근거했고 너무 높은 수준의 일반화를 하고는 있지만 이 책은 많은 것을 알려 주고 있으며, 서론과 결론에서는 혁명을 둘러싼 전통적인 일반화에 흥미롭고도 도발적인 방식으로 문제를 제기하고 있다. 안타깝게도 진정한 사회과학을 구축할 가능성을 비관한 영국의 철학적 비관주의에 지나치게 영향을 받은 나머지, 던은 혁명이론을 좀더 멀리 끌고 가지는 않았다. 자신들의 계획을 끝까지 밀어붙이기 위해 권력을 강화하는 소수 엘리트들이 혁명을 일으킨다는 사실을 던은 잘 알고 있었다. 또한 권력을 실질적으로 성취하는 방식이 다양하다는 점을 받아들였고, 이것을 설명하기도 했다. 그러나 권력 획득과 그 결과의 성격이 모두 권위주의적이라는 점을 인식한 것 말고는, 이 둘을 서로 연결하지 못하고 있다. 던에게 혁명은 "본질적으로 하나의 은유"다(1972, 255). 그러나 앞서 언급했듯이 혁명은 사회적 의미와 관련성을 가질 때 비로소 이해될 수 있는 사회적 현상이라는 점에 비춰볼 때, 혁명이 단지 은유에 불과하다면 우리가 프랑스혁명 2백주년을 그토록 힘차게 축하해야 할 것 같지는 않다. 만약 혁명이 하나의 은유라면, 그건 자신의 이름으로 군대를 동원하고 사람들을 기꺼이 죽게 만들 수 있을 정도로 매우 강력하고도 거부할 수 없는 은유였을 것이다. 프랑스혁명은 프랑스인들만이 아니라 전세계인들에게도 의미가 있다. 이 책의 제2판 서론에서 던은 이처럼 계속되는 항의를 염두에 두었다. 또한 던은 사회과학적인 혁명이론을 구축하는 것은 "가망도 없고 절망적인"(Dunn 1989, xxv) 일이라며 이론을 구축하려는 시도 자체를 포기했는데, 다행스럽게도 앞서 검토한대로 이런 판단은 그다지 심각하게 받아들일 필요가 없다.

배링턴 무어가 『독재와 민주주의의 사회적 기원Social Origins of Dictatorship and Democracy』에서 혁명을 이론화하는 데에 전혀 관심을 두지 않았다는 점은 무척이나 역설적이다. 당시에는 혁명을 매우 희귀하고도 중요한 역사적 현상으로 보는 사회학적 관점이 널리 퍼져 있었는데, 이 책은 이 시기의 다른 어떤 저작들보다도 이런 관점을 강화해 주었기 때문이다. 그러나 '근대 세계의 형성에서 지주와 농민'이라는 부제에서 분명히 볼 수 있듯이 이 저작은 전근대 사회의 진화 과정을 인식했다. 뿐만 아니라 중국은 물론 러시아의 역사에서 농민들이 한 기능을 인식했으며 지주들의 소유권 문제가 지닌 중요성을 인식했다는 점에서, 그 이전의 역사사회학 연구들과 구별되는 엄청난 작업을 수행했다. 슈펭글러(Spengler 1923)와 토인비(Toynbee 1946)의 저작 같은 여타의 통합적인 저작들처럼, 이 책은 출판되자마자 '뛰어나고' '중요한' 작품이라는 찬사를 받았고, 실질적으로 하룻밤 사이에 위대한 저작의 반열에 올랐다. 그렇게 된 이유들 중 하나는, 고전을 연구해 사회학 박사 학위를 받았으며 2차대전 동안 전략연구소에서 근무했고 당시에는 하버드대학에 몸담고 있던 사회학자 무어가, 미국이 근대화에 대해 가지고 있던 선입관과 가장 관련이 많은 듯한 1960년대 중반에 근대화를 다룬 저작을 집필했다는 점이다. 또 다른 이유는, 완곡하게 말해서 무어가 기존의 역사학파들이나 당대의 정통들과 구별되는 '독자성'이 있었다는 점이다. 무어는 사태의 정체를 폭로했다. 영국인들은 자신이 평화를 사랑하는 사람이라고 즐겨 생각하지만, 무어가 볼 때 영국은 특별나게 평화적이지 않았다. 미국인들은 미국 사회가 다른 사회들과 근본적으로 다르다고 생각 — 자유롭게 생각하고 인민의 의지를 존중하는 민주적인 국가 — 하곤 했지만, 무어가 보기에 이것은 희망사항일 뿐이다. 무어는 공산주의 국가들의 형성이나 파시즘의 등장에서 그랬듯이, 서구 민주주의의 형성에서도 폭력과 강압이 커다란 기능을 했다고 주장한다. 또한, 그 둘의 차이는 각기 겪은 혁명적 경험의 상이한 성격에 기초하는 것일 수 있다고 지적한다. 옳든 그르든 무어가 동시대인의 주목을 받고, 근대 혁명이론이 모든 논의에서 무어의 논의를 늘 의식하게 된 것은 바로 이런 문제의식 때문이다.

그러나 무어의 방식은 여전히 비교사적 방식이다. 무어는 소수 사례들에 주목했고, 그 중 앞의 세 사례는 전통적인 혁명에 해당한다. 즉, 영국(무어는 영국Britain을 잉글랜드England로 부른다. 평범한 실수지만, 이런 요소는 신뢰감에 영향을 끼친다), 프랑스, 미국이 바로 그 예들이다. 그런 다음, 무어는 대조 방법을 사용해 일본, 중국, 인도를 검토하는데, 전문적인 지식이 있어서가 아니라 결정적인 중요성을 지니고 있기 때문에 그 사례들을 연구의 대상으로 삼았다는 점을 당당히 인정하고 있다. 이것은 충분히 타당한 이유지만, 무어가 발딛고 있는 기반에 대한 흥미로운 질문을 야기하기도 한다. "이런 비교 분석이 특정한 사례들을 세밀히 검토하는 작업을 대신할 수 없다는 점은 분명하다"고 무어는 주의를 준다(Moore 1969, xi). 상당히 희한한 점은, 하버드대학 러시아센터의 선임연구원이던 무어가 정작 소련을 연구한 적이 별로 없다는 사실이다. 자신이 끌어내고자 한 결론과 상관이 있었을 텐데 말이다.

자신이 연구한 사례들을 통해 무어는 "산업사회 이전 단계에서 근대 세계로 나아가는 주요한 역사적 경로 세 가지"를 구분한다(Moore 1969, xii). 무어는 '이념형'으로 볼 수도 있는 이 경로들을 통해, 러시아의 경험과 중국의 경험을 뚜렷이 연관짓고 있으며, 이것을 경제적 근대화와 혁명의 관계에 대한 자신의 테제와도 연결짓는다.

무어는 첫째 경로를 '부르주아혁명'이라고 명명했는데, 아마이 말이 '붉은 깃발'이라는 구절이 비맑스주의자들에게 끼치는 것과 비슷한 효력을 끼친다는 점을 인식하지 못한 듯싶다(1969, xii). 영국, 프랑스, 미국, 이 각각의 사회들이 자본주의와 자유민주주의를 결합할 수밖에 없도록 만든 위대한 혁명들과 내전들은 모두 부르주아 혁명이었다. 무어는 자신의 저작에서 '부르주아지'란 용어를 많이 사용하고 있는데, 이 용어를 전혀 정의하지 않고서도 효과적으로 사용하고 있다는 점을 깨닫는 것이 중요하다. 부르주아지는 처음 사용될 때 특히 '도시인'을 의미하는 것으로 한정되어 있었으나(Moore 1969, 15), 반복해서 사용됨에 따라 그런 의미에서 벗어나게 된다. 둘째 경로인 산업화는 자본주의적이며 반동적이다. 부르주아지의 일부 분파, 그리고 이 분파와는 견해를 달리 하지만 여전히 지배적이었던 지주계급이 공동으로 산업화를 추진했는데, 이것은 독일과 일본의 파시즘에서 최고조에 달하게 됐다. 부르주아지는 혁명을 그리 내켜하지 않았으며, 조금이나마 혁명적 형태의 열망을 지녔을 경우에도 그 혁명은 결국 패배했다. 셋째 경로는 '당연히' 공산주의다. 이 경로는 러시아와 중국의 토지 관료들이 운 좋게 근대화를 향한 추진력을 좌절시켰으나, 근대화로 인한 변화가 낡은 질서를 파괴하려는 혁명의 기반이 됨으로써 대다수 농민들이 동원되었을 때 나타났다. 맑스주의 이론과는 달리, 이 경로들 각각에 공통된 요소는 프롤레타리아트가 아니라 부르주아지의 동원 정도였다. 무어는 인도를 이채로운 예외로 꼽았다. 인도는 세 가지 경로들 가운데 어떤 것도 따르지 않았다.

이 나라에서는 현재까지 위에서든 아래에서든 자본주의적 혁명도 없었고, 공산주의 사회로 나아가기 위한 농민혁명도 없었다. 마찬가지로 근대화의 추동력 같은 것도 대단히 미약했다. 반면에 서구 민주주의를 실현하는 데 필요한 최소한의 역사적 조건들이 전면에 나타났다. 의회정치 체제는 단순한 장식이 아니라, 상당 기간 실질적인 기구로 존속해 오고 있었다. 근대화의 추동력이 대단히 미약했기 때문에, 다른 나라에 적용할 수 있는 그 어떤 이론적 도식도 인도에는 들어맞지 않는다. 그렇기 때문에, 인도는 이런 일반화를 점검하는 유익한 기능을 발휘하기도 한다. 특히, 인도는 농민혁명의 성격을 이해하려 할 때 도움이 되는데, 아무런 농민혁명도 일어나지 않았지만 인도 농민들의 비참함은 반란과 혁명이 언제나 결정적인 영향을 미쳤던 중국의 경우와 비슷하기 때문이다(Moore 1969, xⅲ).

매우 단순한 이유로 영국 농민들은 근대 사회를 형성하는 데 중요한 구실을 하지 못했다. 즉, 농민들은 존재하기를 멈췄던 것이다. 농민들이 존재하기를 멈춘 이유는, 귀족들의 손에 들어 있던 국가권력이 공유지의 인클로저를 촉진하는 데 사용됐기 때문이다. 토지가 대토지 소유자들의 손에 넘어가게 되자, 지방 정부는 자기들 수중에 있는 것도 넘겨 버렸다. 그러나 대토지 소유자들은 프랑스처럼 도회적이지도, 독일처럼 촌스럽지도 않았다. 오히려, 이 둘의 복합이었다. 즉 근대식 과학적 농업을 발전시키고 그에 따라 부유해진 농촌 자본가들이었다. 도시 부르주아지가 등장했으나, 지주계급은 몰락하지 않았다. 그 대신, 지주계급은 적절한 시기에 특권을 양보해서 신흥 계급들과 협력했으며, 좀더 광범위한 권력 기반을 향해 점진적으로 이행할 수 있었다.

비교할 경우, 프랑스에서는 혁명으로 구실서를 파괴하는 것이 민주주의의 필수 조건이었으며, 강화되던 귀족과 부르주아지의 동맹이 혁명에 의해 파괴되지 않았다면(충분히 그럴 수 있었다), 독일이나 일본과 비슷한 결과가 빚어졌을지도 모른다. 급진주의자들은 파리라는 대도시 대중들의 도움을 받으며 혁명이 열어 놓은 길을 통해 부르주아지의 통제에서 벗어났는데, 농촌에서 봉건주의 체제를 끌어내렸던 농민들이 수도에 식료품을 공급하지 않는 식으로 급진적인 실험을 그만두자, 이 과정은 중단될 수밖에 없었다. 혁명이 열어 놓은 길은 민주주의로 이행하는 길이었으나, 이것을 성취하는 데는 매우 오랜 시간이 걸렸다.

무어는 몇몇 문장에서, 미국혁명을 둘러싼 전통적인 관점을 폐기했다. 오히려 미국에서 일어난 일이 혁명인지조차 미심쩍어했다. 무어는 "미국이 반식민주의 혁명의 역사를 갖고 있다는 주장은 훌륭한 선전이 될 수 있을지는 몰라도, 나쁜 역사이자 불량한 사회학"이라고 단언했다(Moore 1969, 112~113). 산업사회 이행은 확실히 폭력 없이 성취될 수 없다. 미국의 남북전쟁이야말로 "그때까지 공식 미국사에 기록되어 있던 피투성이 상처를 도려냈으며"(Moore 1969, 113), 이 재건의 시기를 통해서야 미국은 진정한 혁명 —— 위에서 시작한 혁명revolution from above —— 을 겪었다.

남북전쟁이 미국 사회를 변형하긴 했지만, 이것은 꼭 그래야만 했던 불가피한 사태는 아니었다. 왜냐 하면, 노예제를 강화하려던 사업을 연방 정부가 근절한다는 것이 민주주의의 공고화를 위해 필수적이긴 했지만, 노예제나 자본주의적 방식이나 근본적으로 별 차이가 없었기 때문이다.

무어는 농민들의 급진주의가 러시아혁명과 중국혁명을 이끌었다고 보았다. 무어에 따르면 농민들은 근대화가 진행되지 않은 상황에서 근대적 생산의 압박에 적응할 능력도 없었으며, 국가의 권력이 강해지면서 각 지역의 지주들에게서도 소외됐기 때문에 급진적으로 변했다. 농민들은 자신들의 힘만으로는 결코 혁명을 성취하지 못한다. 따라서 다른 계급에서 지도자를 찾아야 하며, 그때마저도 농민이 일으킨 반란은 대부분 실패했다. 러시아 농민들은 러시아의 소부르주아지가 깨달았지만 충족하지는 못했던 분명한 목표를 갖고 있었다. "지주 제거, 토지 분배, 전쟁 중지"가 그것들이다(Moore 1969, 481). 현존 질서와 아무런 관련도 없던 볼셰비키들만이 권력을 획득하기 위해 이런 일들을 약속할 준비가 되어 있었다. 때가 되어 자신들이 속았다는 것을 농민들이 깨달았을 때에는 모든 일이 이미 끝난 뒤였다.

정부와 사회가 분리됐던 독일과 일본에서는 파시즘이 등장할 수 있었다. 전면에 등장한 지도자들이 보수적인 틀 내에서 사회의 경제적 근대화를 추진할 수 있었다. "반동들은 늘 그럴 듯한 주장을 늘어놓는다. 즉, 대개 근대화의 지도자들이 하층계급의 욕구를 자극하고 혁명을 가져올 뿐인 변화와 양보를 만들어 낸다는 것이다"(Moore 1969, 441). 그러나 독일과 일본의 보수적 지도부는, 관료제와 억압적 기구들이 상당히 정비되어 있어서 미래의 지도자가 반대자를 고려할 필요가 없어졌으며 근대화의 비용도 하층계급들이 주로 부담한다는 것을 깨달을 수 있었다 (영국에 이것을 똑같이 추구했던 사람들이 없던 건 아니지만, 국가가 약했고 억압하는 힘이 충분치 못했다는 점에서 다르다). 파시즘이란 경제적으로 의미 없는 존재가 된 농민들의 생활을 이상화된 형태로 찬양하고, 억압적 기구의 힘을 극대화하기 위해 권위에 대한 복종의 개념과 위계의 개념을 사용함으로써, 중간계급들 중에서도 빈곤층과 농촌 주민들을 동원해 자본주의에 적대감을 표현하는 대중운동이었다.

무어의 결론은 비관적이다. 서구 자유주의와 공산주의(특히, 러시아 공산주의)는 이미 절정기를 넘어서고 있는지도 모른다고 믿었다. 또한 이 둘 다 "성공적인 원칙으로서, 다양한 억압의 형태를 정당화하고 감추는 이데올로기로 돌아서기 시작했다"고 주장했다(Moore 1969, 508). 1969년 이래 영국과 미국에서 발생한 수많은 사건들은 이 예측이 정확했다는 점을 확인해 줄 뿐이었다. 혁명 없이 전진하는 비용은 매우 비싸며, 점진주의는 너무 느리게 진행된다. 그러나 혁명의 비용 또한 비싸기는 마찬가지다. 공산주의는 스탈린주의에 대해 면제받을 수 없는 책임이 있다. 모든 정부들은 적보다 더 똑똑하고 더욱 막강한 화력을 갖고 있어야 했기 때문에 상대방의 억압 수단을 비난했으며, 강력하게 자리잡은 세력들로 인해 엘베 강 양쪽은 진정 자유로운 사회로 이르는 갈림길에 서게 됐다.

그리하여 마지막에서 무어는 쓸모 있다고 권유할 만한 처방전을 가질 수 없게 됐다. 무어의 저작은 혁명이 경제 발전의 핵심적인 매개물이라는, 그 시대에 널리 퍼져 있던 믿음을 따랐다. 그렇지만 러시아에 관한 사례 연구가 부재한 것은 확실히 결정적인 문제다. 농민들이 러시아혁명에서 매우 중요했다는 테제는 농민들이 주요 희생자들이었다는 의미에서만 유효하다. 더군다나, 혁명에 실패해 파시즘이 등장했다고 강조하는 것도 잘못이다. 독일에서도 혁명은 발생했다. 히틀러가 등장해 권력을 장악하고 그 권력을 사용해 독일 사회가 광범위한 변화를 수행하는 형태로 말이다. 쿠르트 발트하임[1]이 지지를 받았던 오스트리아,

---

1. [옮긴이] Kurt Waldheim(1918~). 오스트리아의 정치가. 1945년에 정계에 진출한 이후, 국제연합 사무총장(1972~1981년)을 거쳐 오스트리아 대통령

1989년의 유럽의회 선거 당시 공화당이 약진한 바이에른의 사례가 보여주듯이 파시스트적 정서는 여전히 높고, 독일민주공화국은 여전히 구조적 변화를 일으키지 못하고 있다. 독일혁명을 혁명으로 간주하지 못하게 막는 것은 계몽주의와 프랑스혁명에게서 물려받은 본질적인 믿음, 즉 인간의 진보라는 믿음이다. 계몽주의와 프랑스혁명으로 인해 수많은 유럽 지식인들은 혁명이란 좌파의 것이지, 우파의 것이 아니라고 믿었다.

비교사를 사회혁명에 적용한 가장 최근의 저작은 테다 스카치폴의 『국가와 사회혁명States and Social Revolution』이다. 스카치폴은 1787~1800년의 프랑스혁명, 1917~21년의 러시아혁명, 1911~49년의 중국혁명 등 세 혁명을 명료하게 비교 분석한 뒤에 "역사에서 실제로 발생했던 혁명의 성격 —— 그리고 쟁점 —— 이 무엇인지 우리의 생각을 새롭게 바라보"고, 이것을 통해서 "근대사에서 일어난 사회적·혁명적 변혁을 분석하기 위한 준거틀을 제시"하려 했다(Skocpol 1979, xi).

구체제에서 새로운 체제로 나아가는 광범위한 전진을 통해, 프랑스·러시아·중국혁명은 단일하고 응집된 사회혁명 패턴의 세 가지 비교할 만한 사례로 취급되고 있다. 그 결과, 이 혁명들의 유사성과 각각의 독특한 모습이 이전의 이론적 논의, 또는 역사적 논의와는 다른 방식으로 조명받고 설명될 수 있었다(Skocpol 1979, xi ~ xii).

(1986~1992년)을 역임했다. 1986년 대통령 선거 당시, 나치에 가담했다는 전력이 밝혀졌으나 재선에 성공했다.

그러나 앞서 거론한 다른 저자들처럼 스카치폴이 연구의 주제를 대단히 엄격하게 정의한 뒤에 시작함으로써, 우리를 별로 놀라게 하지 않은 건 분명하다. 사회혁명은 "매우 희귀하지만 근대사의 중요한 계기들"이었는데, 몇몇 나라들(프랑스, 멕시코, 러시아, 중국, 베트남, 쿠바)만이 "국가조직, 계급구조, 그리고 지배 이데올로기"를 바꿀 수 있었다(Skocpol 1979, 3). 요약하자면, 사회혁명은 "상대적으로 소수 사례들만이 존재하는 복잡한 설명의 대상"이었다(Skocpol 1979, 5).

사회혁명은 한 사회의 국가구조와 계급구조를 급격하고도 근본적으로 변형한다. 사회혁명은 계급에 기초를 둔, 아래에서 시작되는 폭동을 동반하며 부분적으로는 그것에 의해 수행된다. 두 현상의 동시 발생, 즉 사회의 구조적 변동과 계급적 격변의 동시 발생, 그리고 정치적 변혁과 사회적 변혁의 동시 발생이 함께 결합되어 있다(Skocpol 1979, 4).

기존의 사회과학적 설명은 혁명을 적절히 설명하지 못했다고 폄하(왜?)한 스카치폴은, 혁명 이전의 국가기구를 붕괴시키고 새로운 국가기구를 탄생시키는 데 영향을 준 국내외의 사태 발전에 특히 주목하면서, 사회혁명은 반드시 구조적인 관점에서 분석되어야만 한다고 주장한다. 울프(Wolf 1970)와 던(Dunn 1972)처럼, 스카치폴도 자신이 연구하는 사례들을 넘어서서 '일반화할 수 있는 논리'를 모색하고자 비교사 방식을 사용한다고 주장한다. 또한 이 둘과는 다르게 역사적 사례들을 깊이 있게 분석하고자 한다. 그렇지만 스카치폴의 혁명 해석이 이전의 일반적인 해석들과 다른 점은 의식적인 목적성이라는 개념을 폐기한 점이었다. 스카치폴에게 혁명은 구조적 조건의 우연한 결과일 뿐, 주의주의는 결과를 결정하는 데 아무런 구실도 하지 못한다. 스카치폴은 목적성이라는 전제 자체가 "혁명의 궁극적이고 충분한 조건은 합의된 지지의 철회이고, 반대로 대중들이 의식적으로 불만을 갖게 되면 어떤 체제라도 생존할 수 없다"는 관점을 가져올 것이라는 데 관심을 두었다(Skocpol 1979, 16). 그리고 "노골적으로 억압적이며 국내적으로도 정통성을 상실한" 백인 지배하의 남아프리카공화국을 사례로 들면서, 스카치폴은 그런 막연한 생각이 "확실히 유치하다"며 폐기했다. 사회혁명은 단지 경쟁하는 세력들 간이 빚어내는 계획되지 않은 결과물이라는 것이다. 상이한 집단들이 투쟁에 빠져들며, 결과는 그 집단들 가운데 어느 집단이 궁극적으로 승리할 것인가에 따라 결정된다. 혁명이 진행되는 내내 개인, 집단, 심지어 계급도 전통적인 관점이 강요하듯이 논리와 일관성을 지닌 채 행동하지 않는다.

그러나 국가는 그 내부에서 정통성 있는 권위를 차지하기 위해 갈등이 발생하는 단순한 투쟁의 '장arena'으로 머물지 않는다. 스카치폴은 맑스주의자들조차 이론적으로는 국가가 억압적이라고 인식했지만, 실천적으로는 국가를 하나의 '장'으로 상상한 것 같다고 지적한다. 스카치폴은 국가의 자율성 문제를 놓고서도 자신이 맑스주의의 원래 견해라고 본 것을 견지한다. 국가는 "자율적인 구조다. 지배적인 사회계급이나 국가를 구성하는 모든 집단들의 이해관계와 반드시 일치하지는 않거나 그것들과 결합된 자체의 논리와 이해관계를 지닌 구조다"(Skocpol 1979, 27). 국가는 지배계급과 단순히 굴종 관계에 있는 것은 아니다.

실제로, 생산의 논리가 의미하는 바는 국가기구란 자원을 둘러싸고 "어느 정도"(Skocpol 1979, 30) 지배계급(들)과 경쟁할 수밖에 없으며, 일단 자원을 점유한 뒤에는 지배계급에게 환영받지 못하거나, 심지어 지배계급을 위협하는 극단적인 방식으로 자원을 분배할 수도 있다는 것이다. 그런 이유로, 스카치폴은 다른 맑스주의 저자들과는 달리, 계급갈등과 반혁명적 군사력을 통해 등장한 새로운 국가기구가 도전을 받으면서 생기는 결과를 분석하는 데 상당한 시간을 할애하고 있다.

브린튼이나 던의 작업 같은 초기의 '비교사적' 작업과는 달리, 스카치폴은 각각의 사례 연구를 차례로 검토한 다음 결과를 요약하지 않는다. 그 대신 이런 이론적인 방식을 따라 자신이 연구한 세 가지 사례를 증거로 내세우면서, 책의 앞부분에서 사회혁명의 원인들을 세부적으로 비교한다. 이런 비교법은 두 부분으로 나뉜다. 즉 위기에 처한 구체제 국가, 농업의 구조와 농민의 봉기들이 그것이다. 책의 뒷부분에서는 연구의 결과를 다루면서 국가건설 과정에 초점을 맞추고 있는데, 각 사례들마다 독립된 항을 할애해 순서대로 검토하고 있다.

계급적 관계와 계급투쟁이라는 맑스주의의 개념들은 각 사례에서 분석의 기초가 되고 있다. 그러나 스카치폴은 정치구조를 변혁할 때에야 이 개념들이 효과적일 수 있다고 강조한다. 또한 기존의 혁명이론들은 주의주의적이라고 주장한다. 따라서 이런 변형은 구조 속에서, 즉 비주의주의식 용어로 관찰되어야 한다고 지적한다. 둘째, 혁명은 일국 수준에서 이해될 수 없다. 일국의 정세뿐만 아니라 국제적 정세도 중요한 사회혁명이 발생하기에 좋은 조건을 제공해 주어야만 한다. 그러나 국제적 정세 자체는 충분한 설명이 될 수 없으며, 따라서 이매뉴얼 월러스틴과 세계체제론자들을 지지하는 것은 아니다(Wallerstein 1974a, b). 셋째, 계급은 독점적인 행위자가 아니며, 국가는 단순히 지배계급의 대리인도 아니다. 국가는 잠재적으로 자율적이기도 하고 강압적이기도 하다. 실제로 엘렌 카이 트림버거와 마찬가지로 (Trimberger 1972, 1978), 스카치폴이 생각하는 위대한 사회혁명은 대중의 이름을 내건 엘리트가 지도하는 일종의 '위에서 시작한 혁명revolutions of above'이다. 혁명 전야의 상황에서는 대중의 행동이 사회혁명을 가져오지만, 그 뒤를 따르는 개혁 프로그램은 국내 상황의 제약뿐만 아니라 세계경제 체제라는 국제적 국면, 그 중에서도 특히 세계경제의 구조와 차용할 수 있는 모델의 변화 범위 속에서 움직이는 엘리트들이 떠맡는다고 스카치폴은 생각했다. 국제적 정세는 민중들이 아니라, 지배자들에게 영향을 주기 때문에 중요하다는 것이다.

결국, 앞서 작업한 사람들보다 비교적 공을 들이긴 했지만, 스카치폴의 저작은 혁명의 일반이론을 만족스럽게 발전시키기에는 비교사의 전통에 너무 깊이 뿌리를 두고 있다. 스카치폴 자신이 말하고 있듯이, "비교사적 분석은 이론의 대용물이 아님을 강조할 필요가 있다"(Skocpol 1979, 39). 과거의 수많은 저자들처럼 스카치폴도 자신이 선택한 틀이 자신의 주장을 펼치는 논리를 제한하고 있다는 점을 이해하지 못했기 때문에, 진정한 이론화를 아예 배제한 것이다. 스카치폴이 제시한 많은 논점들은 맑스주의자가 아닌 한 문제가 되지 않는다. 동시에 스카치폴이 무시하거나 배제한 것들 가운데 일부는 완고한 부르주아지의 신화가 아니라, 과학적 사고와 사회과학의 본질에 관한 근본 문제들이다. 스카치폴은 어떤 이론을 논리적으로 주장하기 위해서는 그것을 입증할 만한 상당량의 사례를 제시해야 한다는 필수적인 조건을 무시했는데, 이런 태도를 사회과학자들의 변덕의 결과가 아니라 정확한 통계적 추론에 없어서는 안 될 수학적 조건이 가져온 결과로 보는 것 같지는 않다. 그토록 많은 사회과학자들이 혁명이론을 다른 현상의 연구에 맞춰 조정하는 이유, 그런 조정이 간혹 성공하는 이유는 바로 이 때문이다.

그리하여 마이클 테일러는 『합리성과 혁명Rationality and Revo-lution』에서 혁명이 비이성적이라는 스카치폴의 주장에 도전한다(Taylor 1988). 맑스주의적 관점을 옹호하는 테일러와 동료들은 다음 두 가지를 증명하려 했다. 합리적 선택 이론은 혁명적 동맹의 형성에 적용될 수 있고, 그 결과 나온 발견들은 역사가들의 수많은 관찰들과 일치한다. 따라서 테일러는 최소한 근대 신고전주의 미시경제학의 기초이자 멘커 올슨이 사용했던 제한된 합리성의 의미에서(Olson 1965), 합당한 성공의 전망이 있을 때만 혁명에 뛰어들 만큼 농민들이 매우 합리적이었으며, 이런 이유로 "성공한 사회혁명은 지금까지 산업 자본주의의 이행기나 이보다 앞선 시기에만 발생했다"고 주장했다(Taylor 1988, 81).

더 나아가, 테일러는 스카치폴이 정식화한 구조적·상황적 요인들 속에 자신이 설명하려는 내용과 일치하는 부분이 적어도 어느 정도는 존재한다고 주장했다. 같은 책에서 존 뢰머가 설득력 있게 주장하듯이 혁명적 상황에 직면한 사람들이 순수한 이기심이 아니라 확신에 따라 행동할지라도, 사람들이 그처럼 확신을 갖고 있다는 사실 자체는, "꼭 그것 때문에 그렇게 하는 것은 아니지만 확신에 따라 행동할수록 비교적 효과적으로 자신의 윤리나 도덕성을 돋보이게 만들 수 있다"는 점을 말해준다 (Taylor 1988, 244). 그렇기 때문에, 혁명의 열망을 꺾으려는 정부('차르')는 부자들보다는 가난한 자들을 처벌하는 게 이득이라고 생각하는 반면, 혁명가('레닌')는 부를 진보적으로 재분배한다고 약속하지 않으면 성공을 거두기 힘들다고 생각하는 것이다. 우리가 알고 있는 것처럼 이미 존 엘스터는, 합리적 선택 이론을 사용해 프롤레타리아트나 부르주아지가 1848년에 맑스의 예측과는 다른 방식으로 행동한 이유를 비슷한 방식으로 설명할 수 있었다.

사회과학 이론들

스카치폴이 언급했던 것 이상으로, 사회과학에서 이론은 훨씬 제한적인 용어다. 테드 로버트 거는 이렇게 지적했다.

이론을 평가하는 주요한 과학적 기준은, 그 이론을 경험적으로 판단할 수 있느냐이다. 이론은 판단을 용이하게 해 주는 네 가지 속성, 즉 진위 판별성, 정의의 명확성, 다양한 분석 수준에서 관련 변수들의 동일성, 무수한 사건을 분석할 수 있는 적용 가능성을 지녀야 한다. 앞의 두 속성은 판단의 필수적 조건이며, 나머지는 있으면 좋은 것들이다. 과거의 혁명이론과 개념은 대개 진위를 판별할 수 있는 가정들을 그 속에서 도출하기 힘들다는 근본적인 한계를 가지고 있다. 설령 그런 가정들이 있다손 치더라도, 적용 가능한 경험적 방법을 염두에 두고 공식화된 것은 전혀 없다.

그런 가정들을 사용한 사례나 비교 연구가 없다는 사실이야말로, 분류나 개념화를 하는 데조차 그런 가정들이 거의 쓸모가 없었다는 점을 증명해 준다(Gurr 1970, 17~18).

이 모든 것이 타당할 수 있다. 앞으로 보게 되겠지만, 자신의 언급에 신뢰를 부여하고자 거는 자신이 말한 충고대로 작업하려 했다.

문제는 설명해야 할 세 가지 주요한 영역들, 즉 심리적, 사회적, 정치적 영역을 종합하는 것이다. 이 자체가 비합리적인 과제 같지는 않다.

1) 심리학적 설명

프랑스혁명 이래로, 사람들은 혁명가들의 행동을 심리학적으로 설명하고자 애썼다. 초기의 설명은 만족스럽지 못했는데, 이 당시에는 인간의 선천적인 사악함이라는 비과학적 개념이 사용됐기 때문이다. 더군다나 근대 심리학이 과학으로 자리잡기 시작한 다음에도 집단행동에 관한 연구는 '군중심리'라는 개념이 맹렬히 이끌었다. 프랑스의 심리학자 구스타브 르봉은 혁명적 상황에서 사람들은 이 군중심리에 따라 행동한다고 주장했다(Le Bon 1960).

'군중심리'라는 가정에 영향을 받긴 했지만, 1차대전 동안 이 분야에서 최초로 중요한 진전을 보인 트로터는 군중심리 아래에 깔린 개인들의 본능(또는, 요즘 말로 하면 '충동')이 갖고 있는 중요성을 인식하게 됐다(Trotter 1953). 에버렛 딘 마틴은 집단본

능 개념을 거부했다. 그 대신, 표면상 비도덕적인 행위를 "상호 동의 아래 금지된 짓을 저지르는" 군중 탓으로 돌렸다(Martin 1920). 여기서 마틴은 찰스 A. 엘우드(Ellwood 1905)를 따르고 있다. 엘우드는 자신들의 규범적 준거틀을 박탈당한 상황, 즉 혁명적 상황에서 사람들이 어떻게 이상하고 비일상적인 방식으로 행동하리라고 예상할 수 있는지는 이미 언급한 바 있다. 혁명적 상황 아래에서는 정상 상태에서 불가능할 정도로 낡은 제도들이 붕괴하고, 급속하고도 엄청난 속도의 변화가 발생할 수 있다는 것이다.

모든 심리학적 혁명이론은 뻔한 판단의 기준 단 하나를 충족시키지 못했다. 이 이론들은 혁명적 상황에서 모든 사람들이 동일한 방식으로 행동하며, 그렇기 때문에 혁명에는 심리적 원인이 있다고 가정한다. 사실 1789년의 프랑스혁명 이래로 지도자 없는 군중의 행동은 혁명에서 별다른 구실을 하지 못했다. 또한 한줌밖에 안 되는 지도자들을 제외한다면, 혁명적 상황에서 개인들이 하는 기능을 결정하는 데 개인적 요소들이 중요하다는 점을 부정하는 사람은 아무도 없다. 그렇지만 우리는 여전히 왜 사람들이 그렇게 행동하는지 전혀 모르고 있다.

다행히 1920년대 이래로 임상적 차원에서 개별적 주체만을 연구했던 심리학은 용감하게 집단을 설명하기 시작했다. 정치적 지도력을 다뤘던 프로이트의 초기 연구들이 오늘날 많이 읽히고 있다. 비록 그 이유가 지도력의 성격을 이해하기 위해서라기보다는 프로이트와 프로이트의 관심사를 알 수 있는 실마리를 찾으려는 것이기는 하지만, 프로이트야말로 '군중심리'라는 관념을 일소하고, 개인들 간의 상호작용에 초점을 맞춘 사람이다.

현대의 심리학적 혁명이론들은 원래 다른 목적으로 수집한 자료에서 주요한 논의를 끌어내고 있다. 여러 직업들, 특히 군대와 기업 경영에 필요한 후보자를 선택하는 데 유용하다는 속보이는 이유로, 지도력을 다룬 수많은 저서들이 발간되었다.『권위주의적 인격The Authoritarian Personality』의 출간은 이 분야에서 이정표를 세웠다(Adorno et al. 1964). 이 책은 혁명을 포함한 여러 상황에서 지도력이 맡는 기능을 재검토하게 했다. 그 직접적인 파생물은『혁명적 인격The Revolutionary Personality』이라는 볼펜슈타인의 연구였다(Wolfenstein 1967). 이 연구는 레닌, 트로츠키, 간디의 일생을 검토하고 있으며, 이외에도 개별 지도자들에 대한 연구가 여럿 있다.

　　그렇지만 혁명을 심리학적으로 설명하는 데에는 두 가지 난점이 있다. 첫째, 정치 지도자들에게 임상적 방법을 적용할 수는 없으며, 프로이트도 시도한 바 있지만, 역사적 인물을 소습해서 평가한다는 것은 완전히 순한논법에 빠질 수 있는 위험이 상당히 높다. 즉, 지도자들이 이런 일을 했다, 그렇기 때문에 아마도 어린 시절에 저런 일을 겪은 게 틀림없다 같은 논법 말이다. 이런 일들을 진지하게 받아들여야 한다면, 우리는 두말할 나위 없이 되도록 이 지도자와 어릴 적 경험을 공유한 사람들의 자료(가령, 성적표, 어릴 때 가족이나 친구들에게 쓴 편지 등)에 비춰 그런 추측을 확인해야만 할 것이다. 둘째, 지도력은 추상적으로 검증될 수 있는 그 무엇이 아니며, 개인적인 기능도 확실히 아니다. 현대 심리학자들은 지도력이란 상이하지만 서로 연결된 네 가지 실체들의 기능이라는 데 모두 동의한다. 개인, 집단, 상황, 과업이 바로 그것들이다. 따라서 혁명 지도자(들)의 기능에서 혁명을 설명하기 시작할 수 있을지언정, 지도라는 행위가 발생하는 좀 더 폭넓은 사회적 맥락을 고려하지 않는다면, 그 설명은 완전히 무가치해질 것이다.

테드 거의 저작이 이 점을 잘 보여주고 있다. 거가 쓴 대표작 『왜 인간은 반란을 일으키나*Why Men Rebel*』(1970)는 심리학적 가정에 입각해 씌어진 고도로 형식화된 저작이지만, 최근의 지식들을 종합하는 방식으로 확장되고 있다. 이 책은 혁명이라는 문제와 상당히 관련이 있긴 있지만 혁명 자체를 다루고 있지는 않으며, 정치적 폭력이라는 좀더 폭넓은 맥락에서 혁명을 다루고 있다. 이 저작은 통합된 정치폭력 이론의 구성을 목표로 삼고 있다. 따라서 거가 설명하고자 한 것은 정치폭력이 영향을 미치는 범위이지 혁명 그 자체는 아니다. 또한 혁명에서 폭력이 훌륭하게 사용되어야 할 필요가 있다면, 거는 정치폭력이 사용되는 실제 방식을 알려주는 또 다른 정보들을 자신의 결론에 추가해야만 한다.

테드 거는 집단폭력이라는 임상학적 맥락에서는 이미 널리 쓰이고 있는 사회-심리학적 개념을 통해 폭력을 사용하려는 충동을 발견했다. 상대적 박탈감relative deprivation 개념이 바로 그것인데, 이 용어는 "집단적 가치의 만족을 둘러싼 '당위'와 '현실' 사이에서 발생하는 불일치로 인해 나타나는 긴장이자, 사람들을 폭력적으로 만드는 긴장을 지칭"하는 데 사용됐다(Gurr 1970, 23). 갈등은 정치폭력의 특별한 사례로 간주되는데, 기대와 결과가 일치하지 않는 원인은 여러 집단들이 동일한 가치를 놓고 경쟁하기 때문이다. 그러나 거는 폭력을 합리적으로 사용하는 것과 비합리적으로 사용하는 것을 구분하려 들 때 이론가들 사이에서 야기되는 갈등을 회피하려고 한다. 그 대신, 거는 상대적 박탈감이 발생할 수 있는 세 가지 조건을 구분한다.

기대감은 여전히 남아 있지만 그것을 실현할 능력은 하락하는 점감적 박탈decremental deprivation, 기대는 증가하지만 능력은 고정되어 있는 열망적 박탈aspirational deprivation, 기대는 증가하지만 능력은 저하하는 점진적 박탈progressive deprivation이 바로 그것들이다.

이 셋은 모두 정치폭력과 관련되어 있는데, 거 자신은 이 세 가지 가운데 첫째 것이자 나치즘의 등장과 특별히 관련된 점감적 박탈감이 역사적으로 가장 흔히 일어난다고 믿었다. 둘째, '기대 상승으로 인한 혁명'은 상대적으로 최근에 일어난 현상이다. 이것은 소수의 손에 부가 집중되는 현상이 곧 다가올 사회혁명의 근본적인 원인이 되리라는 맑스주의적 가정과 가장 밀접히 연결되어 있다. 그러나 과거의 주요한 사회혁명들과 가장 공통적으로 연결되어 있는 것은 셋째 경우다. 이것은 "혁명은 장기간 지속된 객관적인 경제적·사회적 발전이 단기적으로 급격히 반전될 때 발생하는 경향이 있다"는 데이비스의 'J-곡선' 가정 같은 형태로 일반화될 수 있다(Davies 1962). 프랑스, 러시아, 이집트의 혁명, 나치의 권력 장악, 1842년에 로드아일랜드에서 일어난 도어2의 반란 같은 사건들이 데이비스의 주장을 뒷받침해 준다.

---

2. [옮긴이] Thomas Wilson Dorr(1805~1854). 미국의 대중운동 지도자. 1842년 5월, 뉴잉글랜드 지방의 로드아일랜드 주에서 남성의 보통선거권을 주장하는 봉기를 이끌었다. 당시 로드아일랜드 주는 134달러 상당의 토지를 갖고 있지 않은 남성에게는 투표권을 부여하지 않았는데(이것은 영국이 제정한 1663년 식민 헌장의 내용이기도 했다), 한창 산업화가 진행되어 숫자가 급격히 늘어났던 남성 노동자들은 이 조항에 불만을 품었다. 도어는 봉기를 일으키기

이 개개의 상황들은 이른바 '집단폭력을 초래하는 무정형의 잠재력'이라고 불리는 불만을 가져올 뿐이다. 거에 따르면, 정치 폭력의 유용성에 대한 믿음, 기존 정부가 제도적으로 뒷받침해 주는 억압적인 통제의 본질이야말로 "정치폭력의 수준과 그 형태에 대한 적대감을 유발하는 인과 과정의 최종 결정인자"다 (Gurr 1970, 155). 결국, 거는 미래의 다변적 분석을 위한 기초가 될 몇 가지 형식모델을 제시했다. 이런 모델을 통해서, 거는 자신이 선택한 변수들이 어떻게 반란, 음모, 내전을 선택적으로 불러일으킬 수 있는지를 보여주려고 했다.

그렇기 때문에, 결과를 설명하라는 압력을 받게 되면, 거는 심리적인 것에서 사회적인 것으로 움직여 나갈 수밖에 없다. 정말이지, 거가 제시한 형식모델은 사실상으로는 정부와 야당 사이에 균형을 잡아주는 정교한 갈등모델이다. 이 과정에서 우리는 반드시 물어봐야 할 중요한 질문을 놓쳐버리기가 쉽다. 개인들의 가치가 무엇인지, 그리고 각자의 기대가 자기 능력을 얼마나 초과하는지 우리가 어떻게 알 수 있는가? 그러므로 이 저작은 매우 흥미롭긴 하지만, 그건 이 저작이 건네주는 대답 때문이 아니라 제기하는 질문 때문이다.

전인 1841년에 '인민 헌법 People's Constitution'이라는 신헌법으로 헌법 개정을 추진하기도 했으나 거부당한 적도 있었다. 봉기는 진압됐지만, 도어의 주장은 폭넓은 호응을 얻어 다소 수정된 형태로 1843년에 의결됐다. 봉기 직후 도망을 다니던 도어는 1844년에 체포되어 독방에 수감됐다가 1845년에 건강상의 이유로 석방됐고, 1851년에는 시민권을 되찾았다. 주 정부는 1854년에 도어에 대한 공소를 정식으로 취하했다.

2) 사회학적 설명

맑스주의적이든 비맑스주의적이든, 혁명을 사회학적으로 설명하는 가장 대중적인 방식은 기능주의식 설명이다. 사회의 안정성은 시민들의 요구를 사회질서가 꾸준히 충족시킬 수 있느냐에 달려 있다. 사회의 가치들은 정부가 제 기능을 발휘하도록 만드는데, 시민들의 요구가 충족되지 못하면 사회의 가치를 둘러싼 저변의 동의는 상실되고 만다. 동의가 형성되지 않으면 대중들은 현존 질서를 거부한다. 이런 설명은 이미 발생한 사회변동을 촉진하기보다는 그냥 놓아 두는 식으로 현실에서 일어난 권력의 이전을 사소한 문제인 양 취급하는 경향이 있다. 하지만 적어도 하나의 혁명, 즉 미국혁명을 설명하는 데에는 꽤 잘 들어맞는다.

사회학적으로 혁명을 설명한 최초의 저자는 라이포드 에드워즈이다. 에드워즈는 프랑스혁명의 경험을 참조해 혁명의 과정을 일반화했다(Edwards 1970). 에드워즈에게 혁명은 정치적으로 중요하다기보다는 사회적으로 중요했는데, 이런 태도로 인해 물리적 폭력과 권력의 이전이라는 요소들을 경시했다. 에드워즈는 "프랑스에서 군주제와 봉건제는 프랑스혁명에 의해 타도되지 않았다"고 주장한다. "혁명은 프랑스에서 진정한 권력이 중간계급의 손으로 넘어갔다는 사실을 명백히 했을 뿐이다"(Edwards 1970, 16)는 것이다.

프랑스에 대한 언급은 중요하다. 왜냐 하면 에드워즈에게 혁명의 과정은 매우 프랑스다운 현상, 즉 지식인들의 충성 철회와 더불어 시작되기 때문이다. 지식인들은 구체제에 대한 자신들의 충성심을 철회했고, 새로운 사회의 전망으로 옮겨갔다. 구체제의 붕괴는 낙관주의와 물리적 이동을 증가시켰다. 혁명이 밀려들자 사회가 재통합되었고, 그로 인해 범죄가 줄어들었다. 정부는 급진주의자들을 허용했는데, 왜냐 하면 그 사람들은 헌신적이고 통일되어 있었기 때문이다. 권력을 쥔 급진주의자들은 권력을 가차없이 사용해 큰 성공을 거두었으며, 신앙과도 같은 신념으로 행동했다. 희생자들의 죽음은 새로운 질서를 창조하는 데 뒤따르는 하찮은 것이었다. 그러나 에드워즈의 주장에 따르면 이런 기간에는 반동에 뒤이어 다시 정상으로 되돌아오는 인간의 본성아 곡해되고는 했다. 이전과 똑같은 지배자 밑에 있는데도 이렇게 정상으로 되돌아가는 것이야말로 혁명으로 분류되는 사건들의 특징이었다는 것이다.

페티는 혁명을 설명하면서 '사회적 불균형'이라는 용어를 도입했다(Pettee 1938). 파슨스 사회학의 용어를 적용한 페티는, 사회란 근본적으로 안정되어 있으며, 균형 상태야말로 어떤 사회가 위기나 소요 뒤에 되돌아가는 경향이 있는 정상 상태라고 생각했다. 흔히 연못을 예로 들어 이 용어를 설명하는데, 물이 부족해지면 물고기 수가 줄어들 듯이 물이 많아지면 물고기 수도 다시 많아지게 된다는 것이다. 이런 개념을 사용할 때 생기는 문제점은 명백하다. 사회는 연못과 달리 영원히 변화한다. 균형점이 끊임없이 움직인다면, 근본적인 변화가 불가피할 만큼 사회가 불균형해지는 때를 어떻게 결정할 수 있는가?

존슨은 좀더 체계적인 관점을 제시했다(Johnson 1964, 1966). 거는 점진적 박탈 개념을 존슨의 관점과 관련지어 설명한 적이 있다. 존슨은 거와는 달리, 심리적인 동기를 판별하기보다는 연관된 사회적 과정에 초점을 맞추고 있다. 게다가, 위대한 혁명을 제대로 이해하려면 좀더 폭넓은 맥락에서 이 혁명들을 봐야 하며, 이 맥락에는 행위의 형태 이상의 다른 가능성이 포함될 수밖에 없다는 점을 인식해야 한다고 지적하면서, 페티는 이전의 사회학자들보다 자신의 논리를 훨씬 더 멀리 밀고 나아갔다. "무엇보다도 혁명이라는 현상을 평가하기 위해서는 혁명이 발생한 사회체제 내에 혁명을 집어넣는 방식으로 이 체제와 혁명을 결부시켜 봐야 하며, 혁명을 고찰할 때도 그 당시 사회의 변화와 정치적 발전에 대해 알려진 바를 활용해야만 한다."

이런 태도 덕택에 존슨은 지그문트 노이만이 잠정적으로 내린 혁명의 정의를 채택했다(Johnson 1964, 2). "정치기구, 사회구조, 경제적 재산권의 통제, 사회질서라는 지배적인 신화를 일소하는 근본적인 변화, 즉 연달아 이어지는 발전 과정에서 일어나는 주요한 단절"(Neuman 1949, 333~334)이 바로 그것이다. 혁명이 단지 변화에 불과한 것만은 아니라고 강조한 한나 아렌트와는 달리(Arendt 1963), 존슨은 바로 이것[즉, 근본적인 변화나 단절]이야말로 혁명이며, 우리는 이 사실을 깨달아야만 한다고 상기시켜준다. 즉, 혁명은 사회변동이며, 특정한 상황 속에서 발생한 극심한 체계 불균형의 결과다.

불균형에서 초래된 사회적 역기능이 다른 사람들, 즉 비타협적인 엘리트들과 맞닥뜨리게 될 때, 이 역기능은 혁명의 원인이 될 수밖에 없다. "불균형이 혁명이 되기 위해서는 두 가지가 필요한데, 그 하나는 언제나 기존의 엘리트다"(Johnson 1964, 6). '역기능을 촉진하는' 사건, 즉 "이미 존재하는 역기능의 혁명성을 촉진하거나 두드러지게 만드는 사태들" 같은 것이라면 아무 사건이나 충분히 혁명의 원인이 될 수 있다(Johnson 1964, 12).

현대의 맑스주의자라면 사회혁명은 '중층결정'된다고 말했을 것이다.

코레이처럼 존슨도 군대의 구실이 결정적이라고 여겼다. 존슨에게 혁명은 무장봉기를 뜻한다. 봉기 없이 변화가 발생하면, 이것은 단순한 변화이지 혁명이 아닌 것이다. 존슨은 일본 도쿠가와 막부의 붕괴를 그 사례로 제시한다. 차라리 이 사건에 무력의 요소가 어느 정도 함축되어 있다고 볼 수도 있으며, 오늘날 상당수 학자들이 메이지 유신을 혁명으로 본다고 말하는 것이 더 적절한 듯하지만 말이다. 그러나 잘 훈련된 충직한 군대가 정부를 완벽히 엄호해 준다면, 의심할 바 없이 봉기는 성공하지 못할 것이다. 게다가, 장교들은 엘리트의 일부를 구성하지만 사병들은 자신들이 살고 있는 사회와 고립되어 있는 관계로, 군대는 혁명적 상황에서 높은 수준의 자율성을 지니고 있다.

존슨은 이어서 혁명의 유형 여섯 개를 발전시켰다. 자크리,[3] 천년왕국 반란, 무정부주의 반란, 자코뱅식 공산주의 혁명, 음모적 쿠데타, 군사적 대중봉기가 그것이다. 존슨은 네 가지 기준을 통해 이 범주들을 정의했다——즉 행위의 목표, 혁명가들의 성격, 혁명의 목적, 그리고 혁명이 계획적이냐 자연발생적이냐 하는 문제.

자크리는 불평불만을 바로잡으려는 제한된 목표를 지닌 농민들이 일으킨 대중적 반란이다. 도시나 농촌에서 일어난 천년왕국 반란은 모든 것이 새롭게 만들어질 세계의 급진적인 변화를 희

---

3. [옮긴이] *Jacquerie*. 영국과 프랑스 간에 벌어진 백년전쟁(1337~1453년) 당시 프랑스 농민을 통칭하던 단어. 1358년 5월 28일 보베 지방에서 농민반란('자크리의 난')이 일어난 뒤에는, 농민봉기를 지칭하는 단어로 쓰였다.

구하면서 발생한다. 무정부주의 반란은 정부 당국의 근대화에 도전하는 반발이자, 향수에 사로잡혀 낡은 질서로 복귀하려는 시도다. 이 세 가지는 모두 대중들의 행동을 불러일으키며 상당히 자연발생적이다. 다른 세 범주에서는 엘리트들이 대중을 선도하며 행동을 계획한다. 자코뱅식 공산주의 혁명은 "'위대한' 혁명이다"(Johnson 1964, 45). 이 하위 범주의 고전적인 사례가 바로 프랑스혁명일 것이다. 하지만 이른바 위대한 혁명들 중에는 다섯째 범주인 음모적 쿠데타(어째서 음모적이란 말인가? 모든 쿠데타가 음모적이지 않은가?)에 들어가는 사례도 하나 있으며, 여섯째 범주인 군사적 대중봉기, 즉 혁명 감정가들에게는 '게릴라 전쟁'으로 알려져 있는 범주에 들어가는 사례도 하나 있다.

이런 분류법이 갖는 취약점은 분명하다. 왜 이 여섯 가지 범주만 선택되고 다른 범주는 선택되지 않았는지 명확한 근거가 없다. 사실 앞의 세 범주(자크리, 천년왕국 반란, 무정부주의 반란)에 속하는 많은 사례들은 정부를 붕괴시키지도 사회체제를 변화시키지도 못했기 때문에 결코 혁명으로 간주될 수 없다. 사회학자로서 존슨은, 목적을 기준으로 반란과 혁명을 구분하는 것이 중요하지 않다는 관점을 옹호하고 있다. 이런 구분에 혁명의 전략이 문제로 제기된다면, 실패냐 성공이냐 하는 커다란 차이가 생기는 데도 말이다. 벤자민 프랭클린은 혁명가들이 성공해야만 하는 이유를 가장 간명하게 표현한 바 있다. "우리는 같이 죽어야만 한다. 그렇지 못하면 우리는 따로따로 죽게 될 게 확실하다." 그렇지만, 위대한 혁명을 연구하려면 우선 그것보다 더 작은 혁명들도 연구해야 한다는 점을 인정한다는 점에서(Johnson, 1964) 존슨은 칭찬받을 만하다.

존슨은 『혁명적 변화Revolutionary Change』(1966)에서 자신의 견해를 수정한다. 여기에서는 균형의 중요성을 다시 강조하고, 사회정치적 환경에서 변화가 일어나 사회의 가치체계가 조화되지 못할 때 그 균형이 깨지게 된다고 보았다. 존슨에 따르면, 일단 변화가 일어나면 '권력이 수축'하는 상황이 발생한다. 이런 상황에 놓일 경우 지배 엘리트들은 자신들의 위치를 유지하기 위해 점차 무력을 확대하게 되지만, 바뀌어 가는 사회의 조건에 적응하지 못할 경우에는 혁명의 기본적인 전제 조건이 드러난다. 존슨이 검토하는 몇몇 불균형의 지표들은 사회에서 혁명이 발생할 소지를 측정하는 기본 지수로 사용될 수 있다. 이런 지표로 가능한 것이 자살, 범죄, 군대의 관여 정도 등인데, 최근 저작들에서 '정치적 위기'라 불리는 것들과 똑같은 것이다. 앞에서 봤듯이, 혁명에 최종적으로 참여하는 자들은 일종의 '촉매제'지만, 촉매제는 그 성격상 너무나 예측하기 힘들어 체계화를 허락하지 않는다.

이런 설명의 문제점은 혁명이 반드시 발생해야 하는 이유를 잘 설명하지 못한다. 게다가 더 안 좋은 점은 혁명들이 발생하지 않는 이유도 설명하지 못한다는 것이다. 이런 기준에서 보자면, 그럭저럭 유지되더라도 단명할 수밖에 없을 국가나 사회는 역사상 부지기수로 존재해 왔다. 19세기의 경우, 오스트리아–헝가리 제국이 특히 두드러진 사례다. 사회학적 관점에서 볼 때, 이 제국은 폭발을 기다리는 시한폭탄 같았다. 그러나 실제로 제국이 폭발했을 때 일어난 것은 세계대전이었다. 외견상 더욱 응집되고 논리적으로 볼 때 더욱 잘 조직화된 국가가 전쟁을 통해 등장했다는 사실은, 논리가 정치적 안정의 도구로서 전통에 얼마나 못

미칠 수 있는지를 잘 보여준다. 헝가리, 유고슬라비아, 체코슬로
바키아는 각기 다른 방식으로, 지배 엘리트들의 훌륭한 계획과
인민의 의지를 상상 속에서 통합시키려던 사회공학이 좌절된
1945년 이후의 세계를 나타내는 상징이 됐다.

앞서 말했듯이, 거의 정치폭력 모델은 지배자에게서 소외된
대중이 폭력적 수단으로 기울게 되는 방식을 실질적으로 고찰하
고 있다(Gurr 1970). 비슷한 맥락에서, 윌리엄 갬슨은 혁명적 상
황의 주요한 시기에 정부에 대한 찬성과 반대의 지지도 수준을
각각 규정하려고 했다(Gamson 1975). 혁명을 과거의 역사적 사건
들에서 추론할 수밖에 없는 우리와 달리, 미래의 분석가들은 선
진 민주주의 사회는 물론 전세계의 생생한 현실을 알려주는 여
론조사 결과 같은 좀더 쓸 만한 자료를 가지고 혁명을 분석할
수 있을 것이다.

3) 정치학적 설명

제2장에서 제시된 혁명에 관한 분석이 바로 정치학자의 관점에
서 혁명을 바라보는 방식인데, 이 방식은 정치적 갈등이론으로
혁명을 바라보는 것이다. 이런 이론으로는 사회학자 겸 역사학
자인 찰스 틸리의 이론이 가장 유명하다.

혁명을 (소란, 폭동, 반란, 봉기에 반대되는 것으로서) 혁명이
게끔 만드는 것은 정치권력의 이전인 까닭에, 정치적 갈등이론
가들은 정치적 갈등을 혁명의 기본 원인으로 여긴다. 그리하여
틸리는 혁명의 필수 조건을 다음과 같이 정의한다. "혁명적 결과
는 권력을 장악한 어느 집단을 다른 것으로 대체하는 것이

다"(Tilly 1978, 193). 나는 이런 것을 혁명적 사건이라 부르는데, 이 정의보다는 내 책 『혁명의 연구A Study of Revolution』에서 사용한 바 있는 "무력을 사용하거나 무력을 사용한다는 확고한 위협에 의해 분명하게 정의된 정부의 변동(이전)"(Calvert 1970b, 5)이란 설명을 더욱 선호한다. 하지만 실질적으로 틸리와 나는 동일한 것을 논의하고 있다.

그러나 사건보다는 사건에 앞서는 소외와 재편성 과정에 초점을 맞추고 있기 때문에, 틸리의 분석은 "완고하게 반反뒤르켐적이자 단호하게 친親맑스적이지만, 때로는 베버에 관대하며 때로는 밀에 기대고 있다"(Tilly 1978, 48). 틸리는 '과정'과 '사건'이라는 용어를 사용하는 대신, 혁명적 상황과 혁명적 결과를 구분한다. 틸리에 따르면, 혁명적 결과는 혁명적 상황 속에서 출현한 복수 주권의 결과다. 틸리는 이 둘을 구분하면서 혁명의 근본 문제, 즉 혁명은 경쟁의 산물이라는 점을 정확히 인식했다. 결과적으로 아무런 변화가 없을지라도, 쿠데타, 조용한 혁명 또는 위대한 혁명은 모두 특정한 환경과 경쟁자들이 동원한 권력의 양에 의존한다. 따라서 반대자의 관점이나 정부의 관점에서만 혁명을 설명하려 할 경우에는 무슨 일이 벌어졌는지를 적절히 설명할 수 없을 것이다.

틸리는 복수 주권이 출현하는 원인에는 세 가지가 있다고 주장한다(Tilly 1978, 200). 첫째, 권력이 '어쩔 수 없이 선택해야만 하는 주장'을 제시하는 경쟁자들이나 경쟁자 연합의 출현. 둘째, 이 주장에 헌신하는 상당수의 대중들. 셋째, 경쟁자들이나 경쟁자들의 주장을 지지하는 사람들을 억압할 수 있는 정부 능력의 부재나 의지의 부재. (맑스주의자들이나 배링턴 무어처럼) 틸리는 이념이 대안으로 내세운 주장을 정당화하는 기능을 하며, 이 과정에서 지식인들이 제 구실을 한다는 데에 첫째 원인의 중요성이 있다고 봤다. 둘째 원인과 관련해서 보자면, 틸리의 관점은 테드 거(Gurr 1970), 제임스 데이비스(Davies 1962) 그리고 닐 스멜서(Smelser 1962)의 관점과 상당히 공통점이 많은데, 개인들의 태도를 분석해야만 혁명의 기미를 발견할 수 있다고 본다는 점에서 그렇다. 셋째 원인과 관련해서 보자면, 핵심 문제는 정부와 반대 집단 사이의 균형이란 무엇인가 하는 것이다. 군대가 결정적으로 중요하다는 것과 그 연장선 위에서 전쟁의 여파가 미치는 중요성을 인식하면서도, 틸리는 방어력의 효율을 떨어뜨리는 음모의 영향보다는 비효율의 영향을 더 많이 강조하는 경향이 있다.

그래서 틸리는 혁명적 결과가 빚어지려면 혁명적 상황이 존재해야 할 뿐만 아니라, 다음 두 가지가 더 존재해야 한다고 주장한다(Tilly 1978, 211~212). 즉, '도전자와 정치체 구성원의 혁명적 동맹,' 혁명의 경쟁자들과 그 동맹자들에 의한 '실질적인' 무력 통제가 그것이다. 그렇다면 어느 정도의 무력이 '실질적'일까? 틸리가 앞서 언급한 것처럼, 테드 거는 "체제 반대자들이 억압적인 통제력에 평등하게 접근하면 할수록 내전의 가능성은 증대한다"는 가설을 세운 바 있다(1970, 235~236). 틸리는 이 가설에 대해 논평하지는 않지만, 내전(즉, 혁명적 상황)을 언급하면서 1980년의 걸프전 예를 들고 있는데, 어느 한쪽의 지나친 자신감 때문에 국가간 전쟁이나 내전이 발생한다는 주장은 별로 그럴 듯하지 않은 것 같다. 혁명적 결과를 확실히 가져오기 위해서는 정부를 타도할 충분한 무력이 있어야 한다. 그러나 혁명가들은 실패의 위험을 염두에 두지 않기 때문에 충분한 무력을 갖추고 혁명에 나서는 경우가 별로 없다. 따라서 무력을 얼마나 지니고 있느냐는 실제로 얼마나 무력을 사용해야 하느냐를 알려 줄 수 없다.

틸리의 주장에 따르면, 혁명을 '긴장 방출'의 기제로 보는가 아니면 '투쟁'의 모델로 보는가에 따라 혁명적 결과를 성취하기 위해 실질적으로 무력을 얼마나 사용할 것인가가 결정된다. 어느 쪽이든 모두 맞는 말이겠지만, 각자 나름대로 논리가 있다. 혁명적 결과는 투쟁의 결과이기 때문에 행동하기 전에는 폭력이 거의 존재하지 않거나 전혀 존재하지 않는다. 그러나 행동 자체는 경쟁자들에게 매우 위험하다. 따라서 경쟁자들은 시간만 충분하다면 압도적인 무력을 갖추려 할 것이다. 정부가 먼저 이런 무력을 갖추었을 때에야, 비로소 경쟁자들은 자원이 불충분하더라도 행운을 믿으며 거사를 도모하려 든다. 어찌 됐건, 혁명적 상황에서는 반대자들을 제압할 수 있는 결정적 시기Critical Time[CT]에 최소한의 필요 무력Minimum Necessary Force[MNF]을 획득한 측만이 승리할 수 있다. 그러나 이렇게 제한된 의미에서 생겨난 결과(즉, 사건)로는 무력이 정치에 미치는 영향을 규명할 수 없다. 틸리는 (테드 거 등처럼) 더욱더 강한 무력을 사용하면 할수록 구조적 변화에 도달할 개연성이 더욱 높아진다는 점을 제대로 인식했으며, (비록 이 주장을 더 밀고 나아가진 않았지만) 공고화가 진행되는 최초의 짧은 단계에서 변화가 크게 발생하면 발생할수록 그 변화는 더욱 폭넓고 영구적일 것—틸리에 따르면 이것이야말로 '위대한 혁명'이다—이라고 가정한다. 그렇지만 "군사 쿠데타는 어떤 중요한 구조적 변동을 가져온 적이 결코 없다 … 왜냐 하면 군사 쿠데타는 극도로 한정된 경쟁자 집단들 사이에 사소한 재배치만을 수반하기 때문이다"(Tilly 1978, 220, 강조는 인용자)라고 언급한 데에서도 알 수 있듯이, 틸리는 다른 저자들처럼 그 반대 경우도 있을 수 있다는 부정확하지만 만연된 가정에 찬동하는 경향이 있다. 권력을 쟁취한 군부가 예전에는 대변자를 가지고 있지 않던 사회집단과 동맹을 맺는 나라(터키, 일본)에서는 이보다 훨씬 큰 변화도 가능하다는 사실을 그 자신이 설명하고 있으면서도 말이다. 틸리는 동료 역사가들을 격려하면서, 집단행동을 세부적으로 묘사하다 보면 적절한 시기에 좀더 빈틈없이 집단을 분석할 수 있다고 결론 내린다.

따라서 틸리는 폭력의 사용이 초래할 차이를 인정하면서도, 사회학자들과 정치학자들이 잘 다져놓은 분야인 이익의 집약과 동맹의 형성 과정에 폭력의 정치학을 끼워 맞춘다. 이 논의를 비판하려면, 틸리가 '야만적 해악'이라는 개념으로 받아들이고 있는 집단폭력의 행사에 초점을 맞춰야 한다(Tilly 1978, 176). 틸리는 지도부가 폭력적 성향을 효과적인 집단행동으로 전환시켜 정치적 결과를 가져오는 방식을 충분히 해명하지도 않은 채, 폭력의 근원만 지나치게 강조하고 있다. 틸리는 미국과 서유럽에서 진행된 집단폭력 연구만을 알고 있었다. 이런 연구들이 증거로 내세우는 내용은 살인과 상해를 대개 친정부 성향의 세력들이 저지르며, 폭동도 예외 없이 규칙적으로 경찰의 폭력에서 시작되어 경찰의 폭력으로 끝난다는 점이다(여기에 덧붙여, 라틴아메리카의 최근 사례들도 이런 관점을 확인해 준다). "국가의 작동방식이야말로 다양한 형태의 집단폭력을 가져오는 주요 원천이다"(Tilly 1998, 182). 사정이 이렇다면, 우리는 집단폭력이 기본적으로 정치적 현상이라는 결론에서 벗어날 수 없게 된다. 또한 집단폭력이 혁명을 가져오는 한, 혁명에서 결정적인 것은 경제적이거나 사회적인 조건이라기보다는 정치적인 원인인 것이다.

4) 철학적 설명

한나 아렌트가 쓴 도전적이고 도발적인 저작이 지금까지 혁명을 둘러싼 철학적 설명을 지배하고 있다. 1959년 봄, 프린스턴대학에서 행한 <미국과 혁명의 정신>이라는 세미나에서 비롯된 아렌트의 『혁명에 관하여*On Revolution*』(1963)는 전쟁과 혁명의 상관관계를 주목하고 있다. 아렌트가 보기에 전쟁과 혁명이야말로 20세기의 주요 특징이었는데, 왜냐 하면 전쟁과 혁명이 전쟁과 혁명에 대한 이데올로기적 정당화보다 오래 살아남게 되면 미래에도 여전히 이것들을 둘러싼 질문이 중요할 것이기 때문이다.

아렌트에게 혁명은 가장 최근의 정치 현상 가운데 하나다. 그러나 혁명이라는 은유는 우리를 정치학의 가장 오래된 전통으로 끌고 가며, 정치란 범죄에 그 기원이 있다는 불편한 사실로 우리를 이끈다. 혁명은 자유의 추구이며, 혁명가들은 압제에 대항해 자유를 위해 투쟁하는 사람들이다.

그러나 아렌트에 따르면, 미국혁명은 혁명을 일으킨 사람들이 자신들의 목표를 성취해 '행복 추구'에 몰두한 서반구에서는 '새로운 시대의 질서*novus ordo saeculorum*'를 만들 수 있게 해 주었던 반면, 유럽의 프랑스혁명은 지지자들의 목적을 성취시켜주지 못했으며, 공포로 비틀거렸고, 독재로 나아가는 길을 열었다.

아렌트에 따르면, 미국혁명은 심오한 중요성을 지닌 사건이었다. "미국혁명뿐만 아니라 그 이전과 이후에 일어난 모든 것들이 '전체 대서양 문명 안에서 발생한 사건들'이었다"(Arendt 1963, 135).

오늘날 우리는 여전히 이런 역사적 발전의 마법 아래 놓여 있는데, 그렇기 때문에 우리는 저쪽의 혁명과, 이쪽의 정체政體 그리고 그 형성 과정이 서로 연결되어 있다는 사실을 이해하기가 어렵다는 점을 알게 되는 듯싶다(Arendt 1963, 122).

그럼, 누가 진정한 혁명가인가? 아렌트가 보기에는 해방을 요구하는 혁명과 더불어 자유를 구성하고, 그 내부에서 자유를 획득할 수 있는 사회를 건설하는 사람들이다.

그러나 아렌트가 고찰한 바에 따르면, 미국에서만 자유가 확보될 수 있었다는 믿음은 유럽의 혁명 전통에서 미국을 떼어놓는 기묘한 결과를 낳았다. "미 대륙의 혁명가들이 프랑스·러시아·중국혁명에 관련된 텍스트를 암기하고 있는 듯하면서도 미국혁명이라는 것은 들어본 적도 없다는 식으로 말하고 행동할 때, 이 문제가 불쾌할 정도로 절실히 다가온다"(Arendt 1963, 218). 아렌트가 유럽에 있던 동료들에게 경고한 대로, 이런 상황이 초래된 부분적인 이유는 미국인들이 "미국을 탄생시킨 것은 혁명이었다는 점, 그리고 '역사적 필연성'이나 유기적인 발전 따위 때문이 아니라 신중한 행동, 즉 자유의 기초를 놓음으로써 공화국이 존재하게 됐다는 점을 기억하지 못하기 때문"이다(Arendt 1963, 219). 이 점을 기억하지 못하기 때문에, 미국인들은 프랑스혁명이야말로 자신들이 추구하는 유일하고도 진정한 모델이라고 확언하는 것이다.

이제 프랑스 독자들은 오늘날 프랑스 제5공화국이 시민들을 안전하게 해 준 덕분에 미국만큼이나 모든 부분에서 자유의 축복을 받을 수 있게 됐다고 그럴 듯하게 주장할지 모른다. 본질적으로 미국의 휘장인 자유의 여신상은 프랑스가 만들어서 대서양 건너 형제 공화국에 선사한 것이 아니었던가? 버지니아와 사우스캐롤라이나 주민들이 1787년 헌법의 이름으로 검은 형제들에게는 자유의 축복을 베풀려 하지 않았을 때, 그리고 20세기의 세계사를 통틀어 가장 야만적인 사건들 가운데 하나였던 남북전쟁이 터졌을 때, 미국혁명 자체의 은폐된 결점이 드러나지 않았는가? 열등한 라틴아메리카 독재자들과 미국 정부 사이의 기이한 친밀감을 목격했던 라틴아메리카인들이라면, 아무리 그릇된 것이라 할지라도, 미국혁명을 이야기한다는 것 자체가 새롭고 교활한 제국주의를 감추는 허울에 지나지 않는다는 인상을 받을 수밖에 없지 않겠는가? 실제로 풍요와 자유 사이에 무슨 관련이 있기는 할까? 그렇다면 그 관련의 본질은 정확히 무엇이었을까? 어쨌든, 아렌트는 여기에 솔직하게 대답할 준비가 되어 있다.

자유를 자유기업으로 이해한다는 말을 듣지만, 우리는 이런 기괴한 거짓말을 몰아내려고 조금도 애쓰지 않았다. 게다가, 우리는 동과 서의 '혁명' 국가들간에 빈번히 벌어진 전후의 갈등에서 문제가 됐던 것이 바로 부와 풍요라고 믿는 것처럼 행동했다. 우리가 역설해 왔듯이 부와 경제적 안락함은 자유의 과실이지만, 무엇보다도 우리는 이런 종류의 '행복'이 혁명이 발발하기 이전부터 이 나라의 축복이었다는 점을 알아야만 한다. 그리고 혁명의 원인은 정치적 자유도 아니고, 자연이 풍요롭지 않을 경우 불행과 대량 빈곤을 가져오곤 하는 구속되지도 제약받지도 않은 자본주의의 '사적 동기'도 아니며, '온건한 정부' 아래에서 누리던 자연적 풍요였다는 점을 알아야 한다(Arendt 1963, 219).

아렌트는 예언자처럼 덧붙인다. "언젠가 경제성장은 좋은 것이라기보다는 저주가 될 것이다. 그 어떤 조건에서라도 경제성장은 자유를 가져다 주거나, 자유가 존재한다는 증거를 결코 제공하지 못할 것이다(Arendt 1963, 219~220).

그러므로 자유는 그 자체가 선이자 매우 고유한 특성으로서, 인간 사회가 획득한 가장 고귀한 성과다. 혁명의 문제는 혁명적 정신이 자유를 표현할 적절한 제도를 발견하지 못했다는 데 있다. 따라서 아렌트는 이런 목적을 실현하고자 노력해 생긴 실제의 결과를 받아들이겠다고 분명히 언급하면서 책을 끝맺고 있다. 그 제도는 아렌트 스스로 인민이 선택한 엘리트의 통치라고 본 정당이 구성하는 정부가 아니라, '기초단위 공화체'의 대리인들이 다스리는 자치 정부 바로 그것이었다.

역설적으로, 이것은 러시아에서 이중권력의 기초를 형성했으며, 레닌과 그 동료들이 10월혁명 이후에 당의 의지에 종속시킨 '소비에트'나 위원회 체제가 간직한 바로 그 이념이다. 러시아 인민들이 자유로운 사회의 미덕을 경험해 보았더라면, 의심할 바 없이 이런 체제는 발생하지 않았거나 최소한 그렇게 빨리 발생하지는 않았을 것이다. 자유는 끊임없는 경계심을 대가로 요구한다. 그리고 미국의 역사는 자유를 잃어버릴 시기가 다가올 때, 또는 그렇지 않더라도 좀더 큰 자유를 획득할 방향으로 제도를 개혁하거나 재구성하려는 욕망을 끊임없이 가져야 한다는 교훈을 준다. 모든 근대 민주사회는 혁명의 산물이다. 스위스, 네덜란드, 영국, 스웨덴, 미국, 프랑스 등이 그렇다. 그러나 이 사회들이 모두 자유에 대한 도전을 견뎌내야만 했던 것은 아니다. 그 사회들이 여전히 민주적인 이유는, 혁명이 어느 정도 성공했으므로 혁명적 해결의 효과가 완전히 부식되지 않았다는 데 있다.

아렌트가 이 글을 쓴 뒤 미국에서 터진 워터게이트[4]와 이란-콘트라 사건[5]은 우리의 의지를 실현해 달라고 우리 손으로 선출한 사람들이 얼마나 믿음직스럽지 못한지를 새삼 상기시켜 주었다. 거짓말이 '커버 스토리'가 됐으며, 위법을 눈감아 주는 행위는 '유연한 진술 거부'라고 불렸다. 강도나 살인자는 '자유의 투사'로 환영받았으며, 민간인 살해는 '값싼 표적을 타격하는 것'이라고 불렸다(자유민주주의 체제만 완곡어법을 쓰는 건 아니다. 중국은 학생들을 쏴 죽인 게 '위대한 승리'이며, 총을 쏜 군대는 '인민을 위해 봉사했다'고 주장했다).

물론, 민주적 지도자는 어려운 처지에 있다. 지도한다는 것은 정리되지 않은 다른 사람들의 견해를 마냥 따라가는 게 아니라, 그 사람들이 받아들일 수단이 각자의 바람을 획득하는 데 얼마

---

4. [옮긴이] 1972년 6월 17일, 공화당 대통령이었던 닉슨 재선운동본부의 비밀요원들이 워싱턴의 워터게이트 빌딩에 있는 민주당 전국위원회에 침입해 도청 장치를 설치하려다 발각되어 체포된 사건.
5. [옮긴이] 1986년 11월에 밝혀진 레이건 행정부의 외교 스캔들. 레바논에 억류된 미국인 인질을 석방시킬 목적으로 비밀리에 이란에 무기를 판매하고 그 대금 일부를 니카라과 반군에 지원한 사건이다.

나 좋은 것인지를 보여주는 행위다. 자신들이 추구하는 목적과 사용하려고 하는 모든 수단을 사람들이 명확히 알고 있을 수도 있지만, 선택된 수단이 실제로 늘 선택된 목적을 낳는 것은 아니다. 우선적인 목적을 이해하고 사회 정서에 알맞은 방식으로 이 목적을 실현할 수 있는 연합을 확고히 하는 것이야말로 민주적인 지도력의 핵심이다. 하지만 불행하게도 민주적 지도자들은 늘 이 지점에서 멈추지 않는다. 끔직한 권력욕과 대중의 추종에 고무되어 점점 책임감이 없어진다. 또한 자기 생각이 옳다는 것을 증명하고자 반대자들을 이용하는데, 자신의 의지에 반하는 모든 이들을 선동분자로, 궁극적으로는 자유를 무분별하게 남용하는 존재로 낙인찍는 방식을 쓴다. 은유적으로 말해서, 최근 몇 년 동안에 지배자들과 엘리트들은 자신을 따르는 사람들이 스스로 마음을 정할 수 있도록 해 주는 정보들을 통제했고, 그럼으로써 이들의 선한 의지를 자유라는 귀중품 서랍에서 훔쳐내려 애쓰며 또 다시 전세계에 자신들의 손을 내뻗을 수 있었으며, 때때로 성공을 거두었다.

사실, 계몽주의의 유산은 이중적이다. 아렌트는 자유의 실현에 초점을 맞췄다. 그러나 자유는 오로지 이성의 작동에 의해서만 성취될 수 있다. 어느 하나를 위해 다른 하나를 희생하는 것은 프랑스혁명과 미국혁명을 두드러지게 한 인간 진보라는 교훈의 잠재성을 부정하는 것이다. 이성은 비합리성을 떠받든다고 해서 자유를 성취할 수는 없다는 것을 말해 준다. 만약 정부가 자유를 보호하기 위해 제도화된 것이라면, 정부는 합리적 정부가 되어야만 하며 권력의 행사도 제한받아야만 한다. 1945년 이래 정부의 무제한 권력이 필요하며 문화에서 이성적인 것을 제거할 필

요가 있다고 믿게 된 궁극적인 결과 중에서도 가장 참혹한 사례
는, 캄보디아에서 발생한 킬링필드였다. 이 사건에서 폴 포트6가
이끌던 크메르 루즈 농민 혁명가들의 독립 그룹은 '당국'의 이름
으로 행동하면서 진보된 문명의 자취를 몽땅 파괴했다. 이 혁명
가들은 도시를 소개했고 지식인처럼 보이는——결코 확실하지는
않았지만 —— 사람들을 모조리 살해했다.

이념이 하는 구실

정치적 삶과 사회적 삶에서 이념이 하는 구실을 새삼 강조하면
서, 아렌트는 혁명의 핵심적인 모순을 제대로 강조하기도 했다.
즉, 혁명은 정치적 판단력을 부정하는 폭력인 동시에, 합리적
사회기구의 축도를 재건하는 일이기도 하다. 재건 과정의 목표
가 제 아무리 아득하고 미덥지 못하다 할지라도, 정치에서 쓰인
폭력이 인류의 궁극적인 발전과정에서 작은 구실만 한 것은 결
코 아니다. 1945년 이래 세계의 진보를 기치로 내걸고 커다란
성공을 거둔 수많은 쿠데타의 주동자들은 나름대로 목표와 목적
을 지니고 있었으며, 이 시도들 중 어떤 것은 확실히 이상적인
사회상을 갖고 있기도 했다. 이 이상적인 사회란, 현명한 지도자
가 된 쿠데타 주동자들이 근면하고 깨끗하며 건강한 농민들로

---

6. [옮긴이] Pol Pot(1925~1998). 캄보디아의 정치가. 1967년에 <크메르 루즈
   Khmer Rouge>라는 무장단체를 조직, 1975년에 정권을 장악했다. 폴 포트는
   4년 동안 통치하면서 민간인을 150만 명 이상 학살했는데, 결국 1979년에
   친베트남군에게 정권을 빼앗겼다.

하여금 거대한 장원의 들판에서 오랫동안 즐겁게 일하면 모두 부유해질 수 있다고 믿게 만들어 자신의 위치를 깨닫고 무조건 복종하게 만드는 질서, 하지만 지도자의 아내는 파리의 고급 미용실에 다닐 수 있는 그런 질서일 것이다. 그러나 아무리 비논리적이고 분명하지 못할지라도 이런 이념은 존재하며, 필요하다면 총구로 법의 선포와 명령을 강제해 실제적인 정치적 결과를 가져오기도 한다. 그렇다면 이념이 그토록 강력한데, 왜 우리는 우리가 우리의 이념에 관해 듣고 싶어한다고 재삼 강조하지 않으면 안 되는 걸까?

이념은 혁명 개념의 중심에 있다. 그 이유는 다음과 같다. 첫째, 모든 정치적 삶은 이념의 측면에서 구조화되기 때문이다. 둘째, 본질적으로 논쟁적인 개념인 혁명은 여러 사람에게 각기 다른 것을 의미하는 사건이나 일련의 사건들에 따라붙는 꼬리표기 때문이다. 셋째, 사람들이 혁명의 발생 여부를 결정하는 데 사용하는 척도인 변화라는 개념 자체가 문화적으로 규정되기 때문이다.

혁명을 어쩔 수 없이 존중하거나 두려워하게 되는 가장 큰 이유는 바로 이런 이념의 힘을 인식하기 때문이다. 심리적으로 보면, 이념은 그 자신이 속해 있기도 한 사회에서 일반적으로 통용되는 '세계관*Weltanschauung*' 내에 심대한 변화가 일어난다는 사실을 알지 못하게 방해한다.

실제로 에리히 프롬의 주장에 따르면 아렌트가 정치의 주요한 미덕이라며 환호했던 자유도, 만약 개인의 책임감이라는 부담을 각자의 어깨에서 덜어주겠다고 약속하는 독재자가 출현한다면, 자유롭게 태어난 많은 시민들이 두려워하고 기꺼이 제거하려 할 어떤 것이다(Fromm 1960). '인지 부조화'라는 심리적 개념을 통해, 우리는 삶의 방식에 커다란 변화를 가져온 사람들이 정작 새로운 사물의 질서가 세계에서 가장 자연스럽다고 주장하게 되는 이유를 알게 된다.

그렇지만 혁명이 정신적 구조물이라면, 혁명은 쉽게 받아들여질 수 없다. 이념은 늘 국가의 경계를 자유롭게 건너다녔으며, 혁명을 다룬 저자들은 새로운 사회적 이념을 확산하는 데 해외 여행자들이 하는 구실을 옛날부터 잘 알고 있었다. 따라서 보수주의적 혁명은 성공적인 선전의 결과나, 이 사회에서 저 사회로 확산되는 사회적 전염 같은 것으로 여겨졌다. 이런 손쉬운 사고에는 어느 정도 일리가 있다. 하지만 혁명이 사회적 전염이라면 최선의 치유책(의학적 비유로)은 외과 수술이 아니라 면역일 것이다. 왜냐 하면 혁명의 본질적인 전제 조건이 발전하는 것은 외국이 아니라 사회 내부이기 때문인데, 만약 이 전제 조건이 존재하지 않는다면, 군사적 패배가 뒤따를 압도적인 무력을 사용함으로써 혁명을 확실하게 통제할 수 있을 것이다.

진정으로 안정된 정부를 전복할 수는 없는 법이다. 무엇이 진정한 안정성을 구성하느냐 하는 문제는, 정치적 안정을 구성하는 것은 무엇이냐는 질문이 만족스럽게 해결되지 못하는 한 논란거리가 될 수 있다. 혁명을 다룬 문헌들은 안정을 존재하거나 부재하는 어떤 것으로 보느냐, 아니면 연속체로 보느냐에 따라 구분된다. 그러나 문제의 각기 다른 측면들을 염두에 두고 있는 여러 권위자들 사이에서도 실질적으로 의견이 일치되지 않아, 견해에 따라 학파가 모두 여섯 개 생겨났다. 결과적으로 정치적 불안정성의 원인과 결과에 관한 한 상당히 혼란스럽다고 말할 수 있다. 앞으로는 정치체제가 바뀌는 방식과 이런 변동이 발생할 가능성을 집중적으로 탐색해야 할 것이며, 그리하여 정치적 위기는 무엇으로 구성되는가라는 난처한 문제를 명료하게 밝혀내야 할 것이다.

앞서 언급한 대로, 가장 기본적인 개념들을 둘러싼 불확실성에도 불구하고, 매우 역설적이지만 현실 정치가들은 비우호적인 체제를 '탈안정화'하는 수단을 아무런 주저 없이 사용한다. 가령, 칠레의 금융위기를 악화시키려고 백악관의 닉슨[7]과 키신저[8]가 채택한 수단이나 아옌데[9] 대통령을 쫓아내려던 군부의 모의 등이 '탈안정화'의 의미를 잘 보여준다. 전형적인 완곡어법을 사용하지 않더라도, 요컨대 우리는 혁명이라는 '전염병'을 확대하는 훈련을 실제로 하고 있는 셈이다. 1980년대에 레이건 행정부는 니카라과와 그레나다 정부에 맞서 이와 비슷한 조치를 취한 바 있다. 그레나다의 경우에는 미국이 세계에 개입할 수 있게 길을 열어 주었던 체제가 그로 인해 분열되고 말았다. 좀더 최근에는, 중국의 지도부가 베이징에서 발생한 학생시위를 두고 학생들이 반혁명이라는 '전염병'을 퍼트린다고 비난했으며, 아프가니스탄 정부는 지구 반대편에 있는 서구가 이슬람 원리주의 집단인 무자헤딘을 지지한다고 격렬히 비난한 바 있다.

---

7. [옮긴이] Richard Nixon(1913~1994). 미국의 제37대 대통령(1969~1974). 1974년 8월, 워터게이트 사건으로 사임해 미국 역사상 처음으로 임기 중에 사임한 대통령이 됐다.

8. [옮긴이] Henry Alfred Kissinger(1923~). 미국의 정치가. 1969년에 닉슨의 대통령 보좌관 겸 국가안전보장회의 사무국장에 취임했다.

9. [옮긴이] Salvador Allende Gossens(1908~1973). 칠레의 정치가. 1970년 대통령에 당선되어 남아메리카 최초의 합법적 사회주의 정권을 세웠다. 1973년 9월 11일에 발생한 군부 쿠데타에 맞서 싸우다 자살했다.

혁명(또는 반혁명) 이념이 여러 사회들간에 이식될 수 있다는 바로 그 이유 때문에, 당연한 말이지만 기존의 정부는 혁명을 혐오하고 두려워하며, 세계를 더 좋게 바꾸려는 사람들은 혁명을 존중하고 모방한다. 혁명이 변화의 은유라면, 그것은 모든 권력, 효과성, 불가항력성을 똑같이 상징하는 궁극적인 은유다. 그러나 혁명이 그저 단순한 은유에 지나지 않는다면, 혁명이 선전될 수 있다는 생각 자체가 신화다. 만약 혁명이 단순한 은유가 아니라면, 혁명의 전염 이론을 도외시할 수 있다고 믿을 만한 몇 가지 그럴 듯한 이유들이 여전히 존재한다.

우선, 역사적 증거로 볼 때 혁명이 발발하는 중요한 원인은 혁명이 발생한 사회 자체에 고유한 것이다. 실제로, 주요 사례를 검토하다보면 오랫동안 혁명이 (희망하거나 두려워하는 가운데) 예측되어 왔다는 놀라운 사실을 알 수 있다. 그러나 혁명은 사람들이 지니고 있는 모든 기대를 벗어나고 만다. 사실, 혁명이 발생한 뒤에는 특정 시간과 공간에 고유한 이상한 사건들이 뒤따른다. 부분적으로는, 정부가 전혀 다르게 대응할 수 있었는데도 이미 잘 알려져 있는 다른 유사한 사건들을 대할 대와 똑같은 방식으로 움직임으로써 이런 일이 발생한다. 또 다른 면에서 보면, 정부와 반대 세력 간의 힘의 균형을 끊임없이 바꾸는 기술적 진보의 본질 때문에 이런 일이 발생하기도 한다.

둘째, 혁명이 발발하는 주요한 원인은 정부의 행동이다. 즉, 정부가 혁명을 촉진하는 것이다. 평화시위에 발포하지 않고 신성시되는 상징을 유린하지 않는 정부, 정치적 반대자에게 변명의 태도를 취하지 않고, 탐욕 때문에 스스로 창피당할 일을 하지 않으며 군대를 적대시하지 않는 정부라면, 과거와 미래의 수많은 정부들을 좌초시킬 폭풍을 견뎌낼 수 있다. 그러나 설사 불행하고 인기도 없는 정부일지라도 바깥에서 정부의 권위에 대한 중요한 도전이 가해질 때는 그나마 어느 정도 권력을 유지할 수 있다.

셋째, 그렇기 때문에 해외에서 전달되는 메시지가 아무리 매혹적일지라도, 그 메시지가 새로운 사회에 모두 동일한 영향을 미치는 건 아니다. 프랑스혁명기에 네덜란드, 독일, 이탈리아의 여러 세력들은 프랑스에서 일어난 사건들을 어느 정도 열심히 흉내냈다. 그러나 이 사건들은 대부분 프랑스 군대가 도착하기 전까지는 별다른 중요성을 갖지 못했다. 1917년 10월혁명도 이린 방식으로 프랑스혁명의 경험을 모방했지만 부다페스트, 레발[발트 해 동쪽에 있는 에스토니아의 수도], 상하이의 봉기는 진압됐다. 러시아 군대가 1945년에 서쪽으로 진군할 때까지 러시아 외에 러시아식 혁명을 경험한 유일한 곳은 외몽고뿐이었다. 혁명적이건 다른 어떤 것이건, 이념은 특정한 사회의 구조 안에서 해석되어야만 한다. 만약 그 이념이 탄생한 특정한 사회의 구조가 (불가피하게) 다른 사회의 구조와 다르다면, 그 결과도 다를 수밖에 없을 것이다.

그렇지만 새로운 이념에 대한 두려움은 정치에서 흔히 있는 일이다. 왜냐 하면 정치인들은 추종자들에게 최소한 세계가 실제로 작동하는 과정을 이해시키고 안심하게 함으로써 지지를 획득하기 때문이다. 정해진 틀에서 벗어난 변화는 무엇이든 문제를 일으킨다. 물론, 중요한 변화는 정치가들의 통제력을 넘어서는 상황을 만들어 낸다. 그리하여 예를 들어 소련의 고르바초프[10] 대통령이 1947년 이래 유럽에 존재해 왔던 분열상을 종식하자고 먼저 주창하고, 미국 행정부가 조심스럽게 이 제안을 원칙적으로 받아들였을 때도, 영국 수상 마거릿 대처[11]는 공산주의라는 위험 요소와 유럽이 단거리 핵무기를 보유할 필요성, 사회주의자가 가득한 유럽연합의 수도 브뤼셀이 어디로 뛸지 모르는 불확실성이 국가 주권을 위협할지도 모른다는 앞뒤가 맞지 않는 많은 말들을 늘어놓았던 것이다. 그러나 대처는 자기 나름대로 혁명적 변화를 시도하는 중이었다. 물론 그렇다고 해서 대처가 사회구조는 위에서 시작한 변화에 격렬히 저항하며, 실제로는 위에서 시작한 혁명이라는 개념 자체가 용어상 모순된다는 점을 최초로 발견한 자칭 혁명가가 될 수는 없었겠지만 말이다.

10. [옮긴이] Mikhail Sergeyevich Gorbachyov(1931~). 러시아의 초대 대통령(1990~1991). 페레스트로이카(개혁)와 글라스노스트(개방) 정책을 추진해 소련뿐만 아니라 동유럽의 민주화에 일익을 맡았다.
11. [옮긴이] Margaret Hilda Thatcher(1925~). 영국의 정치가. 1979년에 영국 최초의 여성 총리가 된 뒤 과감한 사유화와 노조 와해, 공공분야에 대한 국고지원 삭감 등을 통해 신보수주의로 향한 길을 열어놓았다.

더 읽어 볼 책

이 책에서는 많은 저작들이 다루어지고 있는데, 그 목록에는 혁명에 대한 대표적인 저작들이 거의 망라되어 있다. 그 중에서도 특히 보수주의적 시각을 대표하는 알렉시스 토크빌의 저작과, 이와 대조적으로 진보적인 시각을 대표하는 배링턴 무어의 저작을 비교해서 읽어볼 만하다. 또한 두 시각을 절충하여 혁명이 사회적인 변화를 야기하지만 궁극적으로는 근대 국가의 강화라는 결과를 낳았다고 보는 테다 스카치폴의 저작도 반드시 읽어야 할 지작이다. 그리고 위로부터의 혁명이라는 독특한 분석틀을 강조한 엘렌 카이 트림버거의 저작도 참조할 만하며, 같은 맥락에서 군부의 구실을 강조한 조엘 미그달Joel Migdal의『농민, 정치, 그리고 혁명*Peasants, Politics, and Revolution: Pressures toward Political and Social Change in the Third World*』(Princeton University Press, 1981)도 함께 읽을 만하다.

근대 세계에서 농민과 혁명의 관계를 합리적 선택 이론으로 다룬 사무엘 포프킨Samuel Popkin의 『합리적 농민*The Rational Peasants*』(University of California Press, 1979), 도덕경제론이라는 독특한 명제를 제기한 제임스 스콧 James Scott의『농민의 도덕경제 *The Moral Economy of Peasant*』(Yale University Press, 1976), 그리고 농민 혁명을 강조한 제프리 페이지Jeffery M. Paige의『농민혁명 *Agrarian Revolution*』(Free Press, 1975), 에릭 울프Eric Wolf의『농민』(청년사, 1978) 등 여러 견해의 글들을 참조할 필요가 있다. 또한, 근대적 현상으로서 민족혁명을 강조한 저작으로 존 왈튼 John

Walton의 『타율적 반란Reluctant Rebels: Comparative Studies of Revolution and Underdevelopment』(Columbia University Press, 1984)도 읽어볼 만한 저작이다.

혁명과 직접 관련은 없지만 이 책에서 강조되고 있는 역사사회학적인 접근법을 개괄적으로 소개한 책으로 필립 아브람스 Philip Abrams의 『역사사회학Historical Sociology』(Cornell University Press, 1982)이 있고, 스카치폴이 편저한 『역사사회학의 방법과 전망』(민영사, 1991)도 참조할 만하다. 이외에 좀더 폭넓은 사회변동을 다룬 저작으로 반드시 읽어야 할 저서로는 칼 폴라니Karl Polany의 『거대한 변환The Great Transformation』(Beacon Press, 1957)이 있는데 국내에도 이미 번역본이 나왔다. 더불어 근대 세계에 대한 독특한 시각을 제시해 하나의 학파를 형성한 이매뉴얼 월러스틴Immanuel Wallerstein의 대표작 『근대세계체제The Modern World-System』(Academic Press, 1974~1989)는 근대 세계에서 혁명을 해석하는 또 다른 시작을 제공해 준다. 근대의 혁명에 대한 역사적인 서술로 가장 읽어볼 만한 것은 에릭 홉스봄Eric Hobsbawm의 『혁명의 시대』(한길사, 1992)가 있다.

참고문헌

Adelman, Jonathan R. (1985). *Revolution, Armies and War: A Political History*. Boulder, Colo., Lynne Rienner.

Adorno, T. W., Frenkel Brunswik, Else, Levinson, Daniel J. and Sanford, R. Nevitt (1964). *The Authoritarian Personality*. New York, John Wiley.

Allison, Graham T. (1971). *Essence of Decision: Explaining the Cuban Missile Crisis*. Boston, Little, Brown.

Andriole, Stephen J. and Hopper, Gerald W. (1984). *Revolution and Political Stability*. London, Frances Pinter.

Arendt, Hannah (1963). *On Revolution*. London, Faber & Faber.

Birnbaum, Pierre (1988). *States and Collective Action: The European Experience*. Cambridge, Cambridge University Press.

Borkenau, Franz (1937). "State and Revolution in the Paris Commune, the Russian Revolution, and the Spanish Civil War," *Sociological Review*, 29, January, pp. 41~75.

Brier, Alan (1982). "Revolution as a Form of Political Succession," unpublished paper for Planning Session on Political Succession, ECPR Joint Sessions of Workshops, Freiburg.

Brier, Alan and Calvert, Peter (1975). "Revolution in the 1960's," *Political Studies*, 32, no. 1, March, pp. 1~11.

Brinton, Crane (1952). *The Anatomy of Revolution*. New York, Vintage Books.

Butterfield, L. H (1959). "July 4 in 1826," *American Heritage*, 6, no. 4, p. 14.

Calvert, Peter (1967). "Revolution, the Politics of Violence," *Political Studies*, 15, no. 1, February, pp. 1~11.

Calvert, Peter (1969). "The Dynamics of Political Change," *Political Studies*, 17, no. 4, February, pp. 446~457.

Calvert, Peter (1970a). *Revolution*. London, Pall Mall and Macmillan.

Calvert, Peter (1970b). *A Study of Revolution*. Oxford, Clarenden Press.

Calvert, Peter (1982). *The Concept of Class: An Historical Introduction*. London, Hutchinson.

Calvert, Peter (1984). *Revolution and International Politics*. London, Frances Pinter.

Chorley, Katharine C. (1943). *Armies and the Art of Revolution*. London, Faber & Faber.

Cohan, A. S. (1975). *Theories of Revolution: An Introduction*. London, Thomas Nelson & Sons.

Davies, James Chowning (1962). "Toward a Theory of Revolution," *American Sociological Review*, 43, no. 1, February, p. 5.

Davies, James Chowning (ed.) (1971). *When Men Revolt and Why: A Reader in Political Violence and Revolution*. New York, The Free Press.

Debray, Régis (1965). "Latin America: The Long March," *New Left Review*, 33, September-October, p. 17.

Djilas, Milovan (1957). *The New Class: An Analysis of the Communist System*. London, Thames & Hudson.

Dunn, John (1972). *Modern Revolution: An Introduction to the Analysis of a Political Phenomenon*. Cambridge, Cambridge University Press.

Dunn, John (1985). "Understanding Revolution," in John Dunn, *Rethinking Modern Political Theory: Essays 1979–1983*. Cambridge, Cambridge University Press.

Dunn, John (1989). *Modern Revolution: An Introduction to the Analysis of a Political Phenomenon*, 2nd edn. Cambridge, Cambridge University Press.

Eckstein, Harry, ed. (1964). *Internal War: Problems and Approaches*. New York, The Fress Press.

Eckstein, Harry (1965). "On the Etiology of Internal Wars," *History and Theory*, 4, pp. 133~134.

Edwards, Lyford P. (1970). *The Natural History of Revolution*. Chicago, The University of Chicago Press.

Eisenstadt, S. N. (1978). *Revolution and the Transformation of Societies*. New York, The Free Press.

Ellwood, Charles A. (1950). "A Psychological Theory of Revolutions," *American*

Journal of Sociology, 11. pp. 49~59.

Elster, Jon (1983). *Sour Grapes: Studies in the Subversion of Rationality*. Cambridge, Cambridge University Press.

Finer, S. E. (1976). *The Man on Horseback: The Role of the Military in Politics*. 2nd revised edn. Harmondsworth, Penguin Books.

France, Anatole (1930). *Penguin Island*. Crown 8vo Edition, London, The Bodley Head.

Fromm, Erich (1960). *The Fear of Freedom*. London, Routledge & Kegan Paul.

Gallie, W. B. (1955~1956). "Essential-Contested Concepts," *Proceedings of the Aristotelian Society*, 56, pp. 167~198.

Gamson, William A. (1975). *The Strategy of Social Protest*. Homewood, Ill., The Dorsey Press.

Giddens, Anthony (1989). *Sociology*. Oxford, Polity Press.

Goldstone, J. (1982). "The Comparative and Historical Study of Revolutions," *Annual Review of Sociology*, 8.

Goodspeed, D. J. (1962). *The Conspirators: A Study of the Coup d'Etat*. London, Macmillan.

Guevara, Ernesto Che (1967). *Guerrilla Warfare*. New York and London, Monthly Review Press.

Gurr, Ted Robert (1970). *Why Men Rebel*. Princeton, NJ, Princeton University Press.

Hall, John A. (1985). *Powers and Liberties: The Causes and Consequences of the Rise of the West*. Harmondsworth, Penguin.

Hardin, Russel (1982). *Collective Action*. Baltimore, Md., Johns Hopkins University Press for Resources for the Future.

Jackson, Geoffrey (1973). *People's Prison*. London, Faber & Faber.

Janis, Irving L. (1972). *Victims of Groupthink: A Psychological Study of Foreign Policy Decisions and Fiascos*. Boston, Houghton Mifflin.

Johnson, Chalmers (1964). *Revolution and the Social System*. Stanford, Cal., The Hoover Institution on War, Revolution and Peace, Stanford University.

Johnson, Chalmers (1966). *Revolutionary Change*. Boston, Little Brown.

Kuhn, Thomas S. (1970). *The Structure of Scientific Revolution*, 2nd edn., Chicago, University of Chicago Press.

Kumar, Krishnan (1971). *Revolution: The Theory and Practice of a European Idea*.

London, Weidenfeld & Nicolson.

Laurie, Peter (1970). *Beneath the City Streets: A Private Enquiry into the Nuclear Preoccupations of Government*. London, Allen Lane.

Le Bon, Gustave (1960). *The Crowd: A Study of the Popular Mind*, intro. Robert K. Merton. New York, Viking Press.

Leiden, Carl and Schmitt, Karl M. (1968). *The Politics of Violence: Revolution in the Modern World*. Englewood Cliffs, NJ, Prentice Hall.

Lenin, Vladimir Il'ych (1968). *State and Revolution*. New York, International Publishers.

MacIntyre, Alasdair (1983). "Ideology, Social Science and Revolution," *Comparative politics*, 5, no. 3, April, pp. 321~342.

MacIntyre, Alasdair (1986). "Is a Science of Comparative Politics Possible?" in A. MacIntyre, ed., *Against the Self-Images of the Ages: Essays on Ideology and Philosophy*, 2nd edn. London, Duckworth.

Mann, Michael (1986). *The Sources of Social Power, Vol. 1: A History of Power from the Beginning to 1760*. Cambridge, Cambridge University Press.

Martin, Everett Dean (1920). *The Behaviour of Crowds: A Psychological Study*. New York and London, Putnam.

Marx, Karl and Engels, Frederick (1962). *Selected Works*. Moscow, Foreign Language Publishing House.

Mazlish, Bruce, Kaledin, Arthur D. and Ralston, David B., eds (1971). *Revolution: A Reader*. New York, Macmillan.

Migdal, Joel S. (1974). Peasants, *Politics and Revolution: Pressures toward Political and Social Change in the Third World*. Princeton, NJ, Princeton University Press.

Moore, Barrington, Jr. (1969). *Social Origins of Dictatorship and Democracy: Lord and Peasant on the Making of the Modern World*. Princeton NJ, Princeton University Press.

Moore, Barrington, Jr. (1972). *Reflections on the Causes of Human Misery*. London, Allen Lane.

Mouzeils, Nicos P. (1986). *Politics in the Semi-Periphery: Early Parliamentarism and Late Industrialization in the Balkans and Latin America.* Basingstoke, Macmillan.

Neumann, Sigmund (1949). "The International Civil War," *World Politics*, 1, no. 3, April, pp. 333~350.

Olson, Mancur (1965). *The Logic of Collective Action.* Cambridge, Mass., Harvard University Press.

O'Kane, Rosemary H. T. (1987). *The Likelihood of Coups.* Aldershot, Gower.

O'Sullivan, Noel, ed. (1983). *Revolutionary Theory and Political Reality.* Brighton, Wheatsheaf.

Palmer, Robert R. (1959). *The Age of the Democratic Revolution.* Princeton, NJ, Princeton University Press.

Pettee, George Sawyer (1938). *The Process of Revolution.* New York, Harper and Brothers.

Popper, Karl Raimund (1962). *The Open Society and Its Enemies.* 4th edn (revised), London, Routledge & Kegan Paul.

Popper, Karl Raimund (1957). *The Poverty of Historicism.* London, Routledge & Kegan Paul.

Porter, Roy and Teich, M. eds. (1986). *Revolution in History.* Cambridge, Cambridge University Press.

Poulantzas, Nicos (1975). *The Crisis of the Dictatorships: Portugal, Greece, Spain,* trs. David Fernbach. London, New Left Books.

Rejaj, Mostafa (1977). *The Comparative Study of Revolutionary Strategy.* New York. David Mckay.

Robertson, David (1985). *The Penguin Dictionary of Politics.* Harmondsworth, Penguin Books.

Roemer. John E. (1985). "Rationalizing Revolutionary Ideology," *Econometrika*, 53, January, pp. 84~108.

Satori, G. (1970). "Concept Misformation in Comparative Politics," *American Political Science Review*, 54.

Shafer, D. Michael (1988). *Deadly Paradigms: The Failure of U. S. Counterinsurgency Policy.* Princeton, NJ, Princeton University Press.

Skocpol, Theda (1979). *States and Social Revolutions: A Comparative Analysis of*

France, Russia and China. Cambridge, Cambridge University Press.

Skocpol, Theda (1982). "What Makes Peasants Revolutionary?" *Comparative Politics*, 14, April, pp. 351~375.

Skocpol, Theda (1988). "Social Revolutions and Mass Military Mobilization," *World Politics*, 40, no. 2, January, pp. 147~168.

Smelser, Neil J. (1962). *Theory of Collective Behaviour*. London, Routledge & Kegan Paul.

Sorokin, Pitrim Aleksandovitch (1925). *The Sociology of Revolution*. Philadelphia, Lippincott.

Spengler, Oswald (1923). *Der Untergang des Abendlandes: Umrissi einer Morphologie der Weltgeschichte*. Munich, Beck, 2 vols.

Taylor, Michael (1976). *Anarchy and Cooperation*. London, Wiley.

Taylor, Michael (1982). *Community, Anarchy and Liberty*. Cambridge, Cambridge University Press.

Taylor, Michael, ed. (1988). *Rationality and Revolution*. Cambridge, Cambridge University Press.

Therborn, Göran (1980). *What Does the Ruling Class Do When It Rules?* London, Verso.

Tilly, Charles (1975a). "Revolution and Collective Violence," in Fred I. Greenstein and Nelson W. Polsby, eds., *Handbook of Political Science*, III. Reading, Mass., Addison-Wesley, pp. 483~555.

Tilly, Charles (1975b). *The Formation of National States in Western Europe*. Princeton NJ, Princeton University Press.

Tilly, Charles (1978). *From Mobilization to Revolution*. Reading, Mass., Addison-Wesley.

Tocqueville, Alexis de (1966). *The Ancien Régime and the French Revolution*, intro. Hugh Brogan, trs. Stuart Gilbert. London, Collins/Fontana.

Touraine, Alain (1977). *The Self-Production of Society*. Chicago, University of Chicago Press.

Touraine, Alain (1981). *The Voice and the Eye: An Analysis of Social Movements*. Cambridge, Cambridge University Press.

Toynbee, Arnold J. (1946). *A Study of History*. London, Oxford University Press for Royal Institute of International Affairs.

Trimberger, Ellen Kay (1978). "A Theory of Elite Revolutions," *Studies in Comparative International Development*, 7, no. 3, Fall, pp. 191~207.

Trimberger, Ellen Kay (1978). *Revolution from Above: Military Bureaucrats and Development in Japan, Turkey, Egypt and Peru*. New Brunswick, NJ, Transaction Books.

Trotter, William Finlayson (1953). *Instincts of the Herd in Peace and War*. London, Oxford University Press.

Wallerstein, Immanuel (1974a). *The Modern World-System: Capitalist Agriculture and the Origins of the European World-Economy in the Sixteenth Century*. New York, The Academic Press.

Wallerstein, Immanuel (1974b). "The Rise and Future Demise of the World Capitalist System: Concepts for Comparative Analysis," *Comparative Studies in Society and History,* 16, no. 4, September, pp. 387~415.

Wilkinson, David (1975). *Revolutionary Civil War, the Elements of Victory and Defeat*. Palo Alto, Cal., Page-Ficklin Publications.

Winch, Peter (1958). *The Idea of a Social Science and Its Relation to Philosophy*. London, Routledge.

Wolf, Eric (1970). *Peasant Wars of the Twentieth Century*. New York, Harper & Row.

Wolfenstein, E. Victor (1967). *The Revolutionary Personality: Lenin, Trotsky, Gandhi*. Princeton, NJ, Princeton University Press.

Zagorin, Perez (1982). *Rebels and Rulers, 1500–1600*. Cambridge, Cambridge University Press, 2 vols.

Zeitlin, Maurice (1988). *The Civil Wars in Chile (Or The Bourgeois Revolutiona that Never Were)*. Princeton, NJ, Princeton University Press.

찾아보기

가이탄 Gaitán, J. E. 49

간디 Gandhi, M. K. 120

거 Gurr, T. R. 43, 117, 121~123, 130, 132, 133

경찰 police 89~90, 134

경험주의 empiricism 55

고르바초프 Gorbachev, M. 146

공고화 consolidation 75, 93, 108

공산주의 communism 42, 50, 128, 147

국가 state 83, 113~115, 129

군대 armed forces 18, 42, 86~88, 127, 132

굿스피드 Goodspeed, D. J. 75

그레나다 Grenada 19, 144

기능주의 functionalism 29, 124

기든스 Giddens, A. 23

개념 concepts 61

개혁 reform 23, 94

갬슨 Gamson, W. A. 77, 130

게바라 Guevara, E. C. 79, 81

계급 classes 19, 22, 30~32, 77~78, 80, 99, 114~115

계몽 Enlightenment 19, 25, 61, 64, 98, 111, 140

과정 process 43, 54, 75, 131

과학 science 58~62

나세르 Nasser, G. Abd-el 65

노동자 workers 80~81, 100

노이만 Neumann, S. 126

농민 peasants 78~80, 103, 106~108, 114, 116, 127, 141

니카라과혁명 Nicaragua Revolution 24

니콜라이 2세 Nicholas Ⅱ, Tsar of Aaa the Russias 28

닉슨 Nixon, R. M. 144

내전 internal war 42, 61, 89, 123, 132

냉전 Cold War 18, 42, 59

네덜란드 Netherlands 139, 146

던 Dunn, J. 102, 112, 114

도어의 반란 Dorr's Rebellion(1842) 122

독일 Germany 23, 106~110, 146

드브레 Debray, R. 80~81

대처 Thatcher, M. 147

데이비스 Davies, J. C. 122, 132

뒤르켐 Durkheim, E. 131

라틴아메리카 Latin America 134, 137

러시아 Russia 22, 28, 72, 79, 102, 106, 110, 122, 138; 러시아혁명 Russian Revolution 24, 70, 101, 108, 111

로버트슨 Robertson, D. 22

로베스피에르 Robespierre, M.-M.-I. de 27, 44

루소 Rousseau, J.-J. 68

룩셈부르크 Luxemburg, R. 34

르봉 Le Bon, G. 118

리덴 Leiden, C. 102

레이건 Reagan, R. W. 37~39, 144

레닌 Lenin, V. I. 33, 65, 117, 138

뢰머 Roemer, J. E. 116

마오쩌둥 Mao Zedong 65, 93
마틴 Martin, E. D. 118
맑스 Marx, K. 25, 30~34, 77, 80, 98~
    100, 117, 124
맑스-레닌주의 marxism-leninism 33,
    35, 38
명예혁명 Glorious Revolution(1688) 21
무어 Moore, B. 103~110, 131
미국 United States of America 19, 26,
    38, 42, 71, 77, 79, 89, 104~105, 108,
    134, 136, 139, 144; 독립선언문
    Declaration of Independence 38; 미국혁
    명 American Revolution(American
    War of Independence) 21, 66, 101,
    108, 124, 135, 137, 140
밀 Mill, J. S. 98, 131
매킨타이어 MacIntyre, A G. 57
메이지 유신 Meiji Restoration 127
멕시코 Mexico 47, 76, 79, 101, 102, 112
멕시코혁명 Mexican Revolution(1910)
    24, 71, 79, 89, 102

바니-사드르 Bani-Sadr, A. 92
바리엔토스 Barrientos, R. 80
바티스타 Batista, F. 44
반혁명 counter-revolution 15, 45, 61, 68,
    74, 76, 94, 144
발트하임 Waldheim, K. 110
버크 Burke, E. 22, 44
보나파르트, 루이 Bonaparte, L. (Napoleon
    III, Emperor of the French) 41
보수주의 conservatism 22, 39, 90, 143
보르케나우 Borkenau, F. 83
볼리비아 Bolivia 80
볼펜슈타인 Wolfenstein, E. V. 120

부다페스트 Budapest 146
부르주아지 bourgeoisie 30, 100, 105
북아일랜드 Northern Ireland 90
불확정성의 원리 Uncertainty Principle
    56
브라에 Brahe, T. 59
브라질 Brazil 83, 89
브린튼 Brinton, C. 101~102, 114
브레즈네프 독트린 Brezhnev Doctrine
    40
비른바움 Birnbaum, P. 83
베르토 Vertot, A. 21
베버 Weber, M. 131
베이컨 Bacon, R. 55
베트남 Vietnam 71, 79, 102, 112
벤구리온 Ben-Gurion, D. 66

사건 event 43, 69~71, 92
사회적 불균형 social disequilibrium 125
사회주의 socialism 33, 40
사회화 socialization 57
상대적 박탈감 relative reprivation 12
    1~122
소로킨 Sorokin, P. A. 70
소련 Soviet Union 35, 36, 105, 146
수평파 Levellers 68
스멜서 Smelser, N. 76, 132
스위스 Swiss 139
스웨덴 Sweden 139
스카치폴 Skocpol, T. 89, 99, 111~116,
    117
스탈린 Stalin, J. V. 36~37
스페인 Spain 21
실증주의 positivism 54~55, 61, 70
실험 experiment 62

슈미트 Schmitt, K. M. 102

아렌트 Arendt, H. 126, 135~140, 142
아벨러 Aberle, D. 82
아옌데 Allende, S. 144
아이티 Haiti 75
아타튀르크 Atatürk, K. 66
아프가니스탄 Afghanistan 19, 71, 144
아프리카 Africa 42
알리슨 Allison, G. T. 84
알제리 Algeria 79, 102
역사사회학 historical sociology 48, 104
연합 coalitions 82, 131, 140
영국 Britain 28, 72, 105, 107, 139, 147
영국 시민전쟁 English Civil War 21, 24
오르테가 Ortega, D. 65
오스트리아 Austria 110, 129
올슨 Olson, M. 116
울프 Wolf, E. R. 78~79, 112
유고슬라비아 Yugoslavia 36, 102, 130
유럽 Europe 25~26, 36, 101, 111, 135, 136, 146
이라크 Iraq 89
이란 Iran 19, 51, 68, 71, 89, 92, 101;
  이란혁명 Iranian Revolution(1979) 24, 67
이성 Reason 140
이슬람 원리주의 islamic fundamentalism 19
이집트 Egypt 25; 이집트혁명 Egyptian Revolution(1952) 102, 122
이탈리아 Italy 20, 146
인도 India 25, 105, 106~107
인도차이나 Indo-China 42

일본 Japan 26, 105, 106~109, 127, 134
에드워즈 Edwards, L. P. 124
에이젠슈타인 Eisenstein, S. 34
엘스터 Elster, J. 100, 117
엘우드 Ellwood, C. A. 119
엥겔스 Engels, F. 30~35
외몽고 Outer Mongolia 146
워터게이트 Watergate 139
월러스틴 Wallerstein, I. 115
윈치 Winch, P. 57
윌슨 Wilson, T. W. 28

자발성 spontaneity 34
자유 liberty 135~140
자유주의 liberalism 38, 40
정부 governments 83~85, 100, 109
존슨 Johnson, C. 8, 29, 125~129
종교 religion 51, 62, 67
주의주의 voluntarism 113~114
중국 China 22, 79, 87, 101, 102, 105~106, 107, 112, 139, 144; 중국혁명 Chinese Revolution 111; (1912), 4; (1949) 23~24, 136
지식인 intellectuals, intelligentsia 21, 35, 64, 78, 124, 132
질라스 Djilas, M. 36
재니스 Janis, I. L. 84
1차대전 First World War 118
2차대전 Second World War 37, 86, 104
제퍼슨 Jefferson, T. 21, 39, 66~67

찰스 2세 Charles II, King of Great Britain 20
칠레 Chile 144
체코슬로바키아 Czechoslovakia 130

카뉴트 왕 Canute, King 74

카스트로 Castro, F. 65

카페, 루이(루이 16세) Capet, Louis (Louis XVI, King of France) 44

캄보디아 Cambodia 141

코레이 Chorley, K. C. 18, 86~87, 127

콜롬비아 Colombia 49, 76

콩도르세 Condorcet, M.-J. de 44

쿠데타 *coup d'état* 15, 31, 127, 128, 131, 133~134, 141

쿠바 Cuba 79, 112; 쿠바혁명 Cuban Revolution(1959) 24, 71, 102

쿤 Kuhn, T. S. 57~58

크메르 루즈 Khmer Rouge 141

클라렌던 Clarendon, E. H., Lord 20

키신저 Kissinger, H. M. 144

캠벨-배너만 Campbell-Bannerman, H. Sir 28

케플러 Kepler, J. 59

케렌스키 Kerensky, A. 44

탈경험주의 post-empiricism 61~63

터키 Turkey 102, 134

토크빌 Tocqueville, A. de 25, 28, 70

투렌 Touraine, A. 76

트로츠키 Trotsky, L. 81, 120

트로터 Trotter, W. F. 118

트림버거 Trimberger, E. K. 115

티에르 Thiers, A. 87

티토 Tito, J. B. 36

틸리 Tilly, C. 130~134

태프트 Taft, W. H. 28

테르미도르 반동 Thermidorean reaction 24, 44, 94, 101

테일러 Taylor, M. 116

파리코뮌 Paris Commune 31, 34

파슨스 Parsons, T. 125

파시즘 Fascism 104~110

포르투갈 Portugal 21

포르투갈혁명 Portuguese Revolution 65

포퍼 Popper, K., Sir 56

폭력 violence 22~23, 40, 121, 134, 141

푸셰 Fouché, J. 94

프랑스 France 15, 21, 22, 24, 26, 27, 35, 38, 58, 65, 81, 97, 99, 104, 110, 116, 128, 130, 139

프랑스 France, A. 65

프랑스혁명 French Revolution(1789) 21, 24, 25, 27, 30~33, 41, 44, 64, 66, 69, 71, 73, 75, 98, 101, 103, 111, 119, 124, 128, 135, 140, 146

프로이트 Freud, S. 119

프롤레타리아 독재 dictatorship of the proletariat 35

프롬 Fromm, E. 142

프랭클린 Franklin, B. 128

피너 Finer, S. E. 86

패러다임 paradigms 58

페인 Paine, T. 44

페티 Pettee, G. S. 27, 72~73, 91, 125

표트르 대제 Peter I, Tsar of All the Russias 68

합리적 선택 이론 rational choice theory 116

헝가리 Hungary 130

호메이니 Khomeini, A. 66

히틀러 Hitler, A. 23, 36, 66, 110